エクセレントサービス＋《プラス》

―おもてなし社会の実現を目指して―

白土　健・岸田　弘［著］

創成社

まえがき

最近、わが国では、サービスを提供するあらゆる業界において、接客サービスの格差が広がっているように感じられる。すなわち、非常に質の高いサービスを提供している企業や個人経営の店が存在する一方、目を疑うようなサービスを平気で提供している場に遭遇することがある。もとを正せば、社会全般において礼儀やマナーが守られず、個人個人の自己主張ばかりが幅を利かせるような世の中になったからではないかと、わが国の行く末を憂えることがある。

本書は、このような時代背景にあって、直接または間接的に接客サービスに携わっている方々や、これから接客サービス関係の職に就くことを目指している方々に向けて、接客の心得について解説したものである。もちろん、ひとくくりに接客サービスといっても、飲食店、宿泊施設、百貨店、専門店など、業界はさまざまである。しかし、どのような仕事であれ基本の礼儀作法、態度、身だしなみ、言葉使いは同じである。もとより接客サービスの重要性はずいぶん以前から認識されていた。単なるサービスを超えた言葉として、ホスピタリティという概念が広まってからも久しい。本屋の書棚には接客サービスとかホスピタリティといった類の本が数多く並び、選ぶのに迷うほどであるが、実際に質の高い接客サービスを感じられることが少ないのはなぜだろうか。

一方、リッツ・カールトンをはじめ、外資系のラグジュアリー・ホテルやブティック・ホテルが次々とオープンし、質の高い接客サービスを受ける人々が増えているのも事実である。リッツ・カールトンで、サービスに関するセミナーを開催した時には、常に満席で、企業ぐるみによる受講もしばしば耳にしたが、接客サービスの重要性は多くの企業やサービス業従事者に極めて強く認識されているには違いない。リッツ・カールトンでは、「クレド（信条）」、「モットー」、「スタッフへの約束」、「サービスの3ステップ」、「サービス・バリューズ」という「ゴールドスタンダード」を掲げ、この理念によって高品質の接客サービスを展開しているが、これを参考に自社の「クレド」を確立している企業も増えている。しかし残念ながら、リッツ・カールトンの接客レベルの域に達している企業は少ない。つまり、いくら「クレド」を形だけまねても、精神やシステムが確立されておらず、「クレド」を浸透させる組織や教育訓練の方法にまで至らないのが現状だからであろう。

ところが、多くの外資系のラグジュアリー・ホテルやブティック・ホテルが、わが国の伝統文化である茶道や華道を研究し、優れた日本旅館の「おもてなしの心」を接客サービスに取り入れている。つまり、茶道や華道、あるいは日本旅館のおもてなしの心は、ホスピタリティに通じているのである。わが国でホスピタリティを語る場合は、欧米諸国で発展した「ホスピタリティ」という概念と、日本のおもてなしの精神があいまった、わが国ならではのホスピタリティの概念を用いることが必要であろう。よって、本書では「日本のおもてなし＋外国のホスピタリティ＝日本のホスピタリティ」と定義し、ホスピタリティという表現を使用している。

本書の目的は、人と人とにかかわりあうすべての方々にご理解いただき、ともにホスピタリティ社会の実現を目指していただきたいという願いを込めたものである。そして、その鍵となるのが、エクセレント・サービスである。企業が接客サービスにおける自社のシステムを確立するには、まず大前提となる経営理念を明確にしたうえで、経営戦略やマーケティング戦略、組織戦略、人的資源開発戦略、教育訓練戦略などのさまざまな企業戦略を構築しなければならない。次いで戦略に基づいたサービス・システムを開発することが必要となる。サービス・システムの開発にあたっては、業界・業態・規模などさまざまな要因によって異なる到達点が考えられるが、どのような企業あるいは個人経営の店舗にも、感動あるサービスが求められている時代である。すなわちお客様の心を動かし、感動を倍加させるサービスの提供こそが、今、求められている究極のサービスであり、エクセレント・サービスであるといっても過言ではないだろう。ここで最も重要なのは、これらを達成するためのスタッフの育成であり、エクセレント・サービスを承継させるための体系づくりを行うことである。こういったシステムが機能することによって、接客サービスに携わる方々が、明るい笑顔で、仕事を楽しみながらお客様に接してくださることを切望してやまない。

本書ではエクセレント・サービスを現に提供している企業の事例を紹介したが、どんなビジネスにもエクセレント・サービスは存在し、業界・業態・規模が異なってもみずからの企業や職場に当てはめて参考いただけるものと確信している。しかし一番大切なことは、サービスを提供するスタッフが、お客様をお客様として応対する心を持つことである。間違っても自己中心であってはならない。このことは接客サービスの基本中の基本であるが、基本が当たり前となり、その上でお客様に感動を提供できることをみずからの喜びとしていただきたい。

本書の執筆にあたっては、みずからの体験を中心に、取材というよりも実務に携わる多くの方々への質問を通して体系的にまとめた。多忙な折も「NO」といわれず、快く回答をいただいた上、貴重な資料まで閲覧させていただく場合もあった。特に海外の企業を訪問するときに、紹介のみならず同道して企業の特徴を引き出し、継続的に情報の提供を賜り、大変有益な企業情報を得ることができた。資料についての翻訳は自分で行ったため生硬な訳で恐縮だが、出版物等も参考にさせていただいている。さらに日本のおもてなしの心の代表的な旅館である銀水荘や加賀屋については、ホームページの使用を快諾賜り、大変感謝している。取材を隠して密かに1人の客として本に紹介されているようなことが実体験できるかを期待して訪問した場合や、なんら予備知識も持たずにたずねた場合もあったが、本書の執筆に関して、貴重な体験談や情報を提供してくださった多くの皆様のご協力に心より感謝する次第である。

今回の取材は、旅館、ホテル、レストラン、百貨店、専門店といった幅広い業界を対象としており、体験と取材をもとに執筆したものゆえ、ひとつの名称では表現しにくく、総称として「店」と表現している。また、本書の執筆は、実体験から生まれたものゆえに至らない点が数多くあるため、忌憚のないご意見を賜りたい。

末筆で大変恐縮であるが、執筆の機会を与えてくださり、企画から発行まで大変お世話になった創成社の塚田尚寛社長と西田徹様と、本書をまとめるにあたり校正等でお世話になった清中智子様、川原邦子様、有角達也様に深謝申し上げる。

2011年4月

白土　健
岸田　弘

『エクセレント・サービス＋』刊行にあたって

『エクセレント・サービス』を出版して依頼、数々のご意見を賜ったことを感謝しております。皆様ご存じの通り、「２０２０年東京オリンピック＆パラリンピック」決定の際のプレゼンテーションにおいて「おもてなし」が一気に注目されるようになった。

しかしながら、多くの方々から「サービス」、「ホスピタリティ」、「おもてなし」についての起源、意義について理解ができる参考資料がないとのご意見が多数寄せられた。本『エクセレント・サービス』の副題として「ホスピタリティ社会を目指して」とあるので、「おもてなしの社会」にはどうすればよいかの質問も多数あった。

そこで今回、タイトルを『エクセレント・サービス＋』と変更し、内容の刷新を図った。本書では解明されていないが、「おもてなし」について言及していくと、「おもてなし」は、一般的に「もてなし」に「お」をつけた美化語とされている。つまり、「もてなし」は、接待や歓待といったように義務感が強いものである。一方「おもてなし」は、精神的な面が強く、単に「おもてなし」ではなく、「おもてなしの心」が重要視される。

「ホスピタリティ」は、ヨーロッパの巡礼で始まったと紹介したが、「おもてなし」は、よくよく調べると、四国のお遍路が始まりのようである。お遍路さんに対して地元の人々から食べ物や飲み物、手ぐぬいや宿の提供、ときには現金を渡すという伝統があった。

これに対してお遍路は持っている納札（おさめふだ）を「お接待」をしてくれた方に渡していた。こうした文化が存在していたために、昔は貧しい人であっても、お参りができたとされている。

現在でもお接待した「茶堂」が残っているし、この「おもてなしの心」というのは、四国の人々の態度にも存在している。これらは一般の人々ばかりでなく、ホテルや旅館においても実現しており、女将の部屋へのご挨拶、お迎えやお見送りなど、超一流の旅館に匹敵するほど行われている。

また、高知県庁には、観光振興部おもてなし課という組織があり、観光者のために、おもてなしタクシー、人にやさしい宿、おもてなしのトイレなどを紹介しているように、「観光客をおもてなしの心で迎える県民運動」を推進している。

また「おもてなし」についてたどっていくと、わが国においては、「礼儀作法」が重視されているが、最も有名なのが「小笠原流礼法」である。「小笠原流礼法」は、鎌倉時代に武家を中心に連綿と伝わる日本の伝統的な作法で、現在わが国で「礼儀作法」について語られるときには、この「小笠原流礼法」が源流にある。

「小笠原流礼法」というと、武家を中心に発達したものなので、どうしても堅苦しい印象を持たれてしまうが、武家の礼法が今日の「礼儀作法」の最も基本とされている。「立つ」、

「歩く」、「座る」、「お辞儀」などの「立ち居振舞い」の美しさの原点になっている。

さらに「小笠原流礼法」は、美しいだけでなく、体によけいな負担をかけないという重要な役割を果たしており、この合理的な「立ち居振舞い」によって、わが国が「礼儀正しい」国民と評価されていて、「おもてなしの心」の1つとして家庭生活やビジネス社会に生きているのである。

「おもてなしの心」について、「茶道」については紹介したが、もう少し詳しく説明してみよう。「茶道」で最も有名なのは千利休（1522〜1591年）で、秀吉の茶頭になったのが1582年（天正10年）頃でないかと思われる。

千利休が説いた「茶道」の心得としては、次の「利休七側」が有名である。

1. 茶は服の良きように点て
2. 炭は湯の沸くように置き
3. 夏は涼しく、冬は暖かに
4. 花は野にあるように
5. 刻限は早めに
6. 降らずとも雨の用意
7. 相客に心せよ

さらに、千利休は、次のように「和敬清寂」を提唱している。

1．和
「おだやか、なごやか、のどか」という意味で、主客相互が身分の上下を陶ことなく「和」をつくりあげていくことである。
2．敬
「つつしむ、うやまう」という意味で、主客相互が細やかな心遣いで、敬い「敬」をつくりあげていくことである。
3．清
「すんでいる、きよいこと」という意味で、茶道の周辺はもちろんのこと、茶室や道具もお客様を迎えるために清らかにしていくことである。
4．寂
「しずかなさま、ひっそり」という意味で、「詫び・寂び」の心でお客様をお迎えすることである。「詫び」というのは、「真心で礼儀正しく真面目ということで、「寂び」というのは「素直に目立たずに自然体」ということで、心に迷いがなく達観しているということである。

「ホスピタリティ」と「おもてなし」は、どちらが優れているというのではなく、日本は外国の「ホスピタリティ」を学び、外国は日本の「おもてなし」を学び、それぞれ融合させて新しい文化をつくりあげている。

したがって、日本で表現するときは、「おもてなしの心＋ホスピタリティ＝おもてなしの心」としていくべきで、特に日本の文化を強調しなければならない。なぜなら、インバウンドの方々の多くは「ホスピタリティ」を身につけており、「おもてなしの心」に強く興味を持って来日されるので、総日本国民は、「おもてなしの心」を具備して接することが不可欠である。

しかし、現状を見ると、甚だ遺憾ながら、いまだしの感はいなめず、「おもてなしの社会を目指して」いかなければならない。

２０１６年４月

白土　健
岸田　弘

目次

第1章　エクセレント・サービスとは

アメリカ人は、最高に美味しいものを食べたとき、素晴らしい絵画や風物を見たとき、あるいは洗練された音楽を聞いたときなどに、しばしば感動を込めて〝Excellent〟と声をあげる。このようにエクセレントとは、そもそも最高の評価あるいは賞賛の念を込めた表現に使用される言葉である。では、エクセレント・サービスとは、どのようなサービスのことなのか。なぜ、エクセレント・サービスが必要な時代なのか。その背景やキーワードについて検証するとともに、サービス提供側にとって重要なポイントとなる運営基本原則について紹介する。

1　時代の変化への適応

インターネットを介して世界の情報が瞬時に伝わる今日のネット社会に象徴されるように、世の中の変化のスピードは加速している。あらゆる業界で、その動向に即応し、さらに適応が求められる時代である。かつてはお客様の不満足を解消し、「満足」を提供すればよしとされていたが、いまや「感激」、「感動」や「感謝」を提供しなければならない時代となった。

（1）お客様感謝の時代への適応

今日、おもてなしやホスピタリティという言葉は、あらゆる業界で着目され、おもてなしやホスピタリティという言葉が巷間に氾濫している。おもてなしやホスピタリティに関する著書も多数出版されているが、果たして正しく理解され、使用されているかどうかとなると、疑問を感じることもしばしばである。これは言葉が先行しているからであって、おもてなしやホスピタリティそのものが間違っているからではない。おもてなしやホスピタリティを論ずるには、お客様が何を望んでいるかによって論ずることが必要であり、何がなんでもおもてなしやホスピタリティというのでは心得違いといわざるを得ないであろう。今の時代は、お客様創造時代であり、その主要なポイントが「お客様感謝」の時代であるという認識のうえで、おもてなしやホスピタリティを確立していかなければならない。

（2）企業ミッションの確立

確固たるおもてなしやホスピタリティを確立するには、企業活動の根源となる企業ミッション（企業の使命）である経営理念のもと、ビジョン（企業の将来像）や産業としての位置づけを明確にすることが重要である。

①　経営理念の確立

経営理念とは、企業の長期的・普遍的な価値観や存在意義を明らかにしたもので、社是・

社訓の類を経営理念として掲げている企業もある。いずれにせよ企業にとって基本的・根本的な考え方となるもので、おもてなしやホスピタリティを掲げ企業活動を実践するには、そこに結びつく経営理念を確立しなければならない。経営理念が明確でない組織では、おもてなしやホスピタリティが単なるかけ声に終わってしまうことが多い。本書では「個客の立場に立ったエクセレント・サービスの提供」を経営理念として提唱する。

② ビジョンの確立

「ビジョン」とは、企業の目指すべき方向性であり、企業にとって「かくありたい」という将来像であり、ロマンや夢である。企業活動はその未来像を目指して展開される。本書では、おもてなし社会の実現をビジョンとして提唱する。この意図するところは、接客サービスの提供者のみならず、接客サービスを受ける側、ひいては国民すべてが幸福になるために、あらゆる生活シーンにおいて「おもてなしの心」が発揮される社会を形成したいという願いを込めている。

③ 産業としての位置づけ

優れた「経営理念」や「ビジョン」を掲げる企業であっても、必ずしもお客様に歓迎される企業であるとは限らない。近視眼的ではない企業の方向づけを行う必要がある。つまり産業としての位置づけを明確にし、それに基づいて企業全体を引っ張っていくことが重要であり、これが新しいドメイン（事業活動の領域）やパラダイムシフト（価値観の移行）を生んでいくのである。

本書では、産業の位置づけとして、「おもてなし産業」、「ホスピタリティ産業」あるいは「ヒドノミクス産業」を提案する。おもてなし社会を実現するためには、複数の位置づけを掲げても構わない。

2　ハイ・クォリティ・オブ・ライフの提供

今日、人々は単に物を消費する消費者ではなく、自己実現のために生活を創造する生活者へとシフトした。つまり生活の質を高めよう、生活を豊かにしようという欲求が高まっている時代にあっては「ハイ・クォリティ・オブ・ライフ」をテーマにしたマーケティングが不可欠である。

(1) マーケティング・パラダイム

パラダイムとは、ある時代や分野において支配的な規範となる物の考え方やとらえ方、認識の枠組みのことである。よってマーケティング・パラダイムとは、いわばマーケティングの戦略指針であり、当該分野の重要課題を位置づけることである。現代の人々は、生活をより豊かに、より質を高めようという、いわば自己実現の方向に向かっているので、「ハイ・

クォリティ・オブ・ライフ」をテーマにマーケティングを展開することが必要である。ただし「ハイ・クォリティ」といっても高級化を目指すことではなく、ライフスタイル・グッズ（生活様式）からコモディティ・グッズ（日用品）に至るまで安くとも品質の高いものを提供することが求められる。

(2) ヒドノミクス

ヒドノミクスの語源は、ギリシャ語の「ヒドーネ」という楽しみを表わした言葉である。「ヒドーネ」の派生語の「ヒドニズム（hedonism）」（楽しみを追求すること）から、「ヒドノミクス（hedonomics）」（楽しみを求める心）という言葉が、エコノミクスに対比する言葉として生まれた。エコノミクスというのは、希少性とか貧困性を前提としているので、欠乏を満たすことに「満足」が存在する。

最近は生活の豊かさに加えて、生活を楽しもうという「ヒドノミクス」を求める動きが強まっている。どのような時代でも、自己実現のレベルが高まると、楽しみを求める心というものが主軸になってくる。「ヒドノミクス」というのは、豊かさや豊富さを前提としているので、現在の痛みを我慢するエコノミクスとは大きく違い、現在をいかに楽しもうかというもので、「満足」を通り越し「感激」、「感動」や「感謝」を追求しようという心である。

このヒドノミクスを提供している代表的な例がディズニーランドやラスベガスである。つとに知られるようにラスベガスのファミリー・エンターテイメントは、ディズニーランドを教科書にしたものである。重要なことは、これらには「感動」や「感謝」があり、その「感動」や「感謝」は完結せずに、次々とアップスケール（質の向上）を果たしているため、何度も足を運びたくなる。

(3) ワン・ツー・ワン・マーケティング

生活者にとって自己実現とは、自分だけの商品やサービスを求めることである。言い換えれば、お客様は自分のわがままを実現しようとしている。これが示唆するのは、お客様1人ひとりの「ニーズ」、「ウォンツ」や「シーズ」に適応する「ワン・ツー・ワン・マーケティング」が不可欠であるということである。この本質をみていくと、お客様は「個客」に転換したと考えなければならない。つまり「お客様発の立場に立つ」から「個客発の立場に立つ」というマーケティングを確立しなければならない。

「個客発の立場に立つ」ということは、1人ひとりの「個客」に対して、きめ細かな対話を通じ、高いロイヤリティを形成するためのリレーション・シップを発揮することである。そして、その極意ともいえるのがエクセレント・サービスの提供である。例えばレストランにおいては、メニューに掲載されている料理しか提供することができないのではなく、原材料さえあれば「個客」の要望に応えることである。ましてや、それぞれの「個客」に最適な接客サービスを行うことである。

(4) 個性化戦略

他社との違いを明確にするために、差別化戦略や競争戦略というものがあるが、これはあくまでも企業間競争のための戦略であり、「個客」の立場からとられた戦略でない。これから必要なのは、「個客」から選ばれる戦略で、しかも個人個人から見た「個客発の立場に立った個性化戦略」を確立しなければならない。他社には真似のできないエクセレント・サービスによって、心からのファンになってもらうことである。このためには、「おもてなし×ホスピタリティ×ヒドノミクス＝エクセレント・サービス」を提供することである。

3 エクセレント・サービスの意義

おもてなし社会を実現するためには、「個客」の「満足」は当然のこと、さらにアップスケールした「感激」、「感動」、「感謝」を提供することが重要である。しかも企業が一方的に押しつける接客サービスではなく、「個客発の立場」に立ったエクセレント・サービスを提供しなければならない。

（1）エクセレント・サービスの必要性

接客サービスにおいておもてなしやホスピタリティが重要視されるようになってからというものの、どこの企業もおもてなしやホスピタリティをスローガンに掲げ、サービス・レベルの向上に取り組んできたことは大いに望ましいことである。しかし、おもてなしやホスピタリティのレベルが何によって測られるかというと、明らかな基準がないので、その実、誰もわかっていない。接客サービスというのは、モノサシがないし、さらに個々の「個客」によって、その受けとめ方も異なるからである。そこで、接客サービスを提供する側としては、自社で基準を設定し、自己採点によってアップスケールを果たすことをすすめたい。

世の中の進歩によって、今日、「個客」が店から受ける感情は、「満足」、「感激」、「感動」、「感謝」である。この感覚に接客サービスとしての点数をつけると「満足は100点（good service）」とすれば、「感激は125点（better service）」「感動は150点（best service）」、そして最高点が「感謝は300点（excellent service）」という感覚ではないだろうか。「個客」は、たとえ「感動」を与えるベスト・サービスが達成されたとしても、さらに上質の「感動」を求めるようになる。そこで「感動を倍加：感謝」させる、真心こもったエクセレント・サービスが必要になってくる。

(2) エクセレント・サービスの意味

不満足な接客サービスの解消だけでは、「個客」は「感激」、「感動」や「感謝」を感じない。それでは、「個客」はどのようなときに「満足」、「感激」、「感動」、「感謝」を感じるのであろうか。その違いについては、次の通りである。

① 満　足

「個客」にとって料理も美味しく、サービスも良かったというのが「満足」で、「個客」の期待感と店側の提供がイコールの状態である。つまり、「不満足」が解消されたときであり、「ニーズ（必要性）を期待通りに満たしたときである。

② 感　激

「個客」が「満足」したうえに、またこの次にも来ようという状態で、期待より店側の提供が上回ったときである。つまり「ニーズ」を期待以上に満たしたときである。

③ 感　動

店側が「個客」の期待を先回りして、商品やサービスを提供し、この次は友達と来ようという状態で「ウォンツ（欲求性）」が実現した状態である。

④ 感　謝

エクセレント・サービスというのは、当然、ベスト・サービスができていて、その上で

「個客」の「感動が倍加」されることである。店の雰囲気や美味しい料理以上に、接客サービスに「個客」が心から「感謝」し、「この店は素晴らしい」と感じることである。例えば、今度は「夫婦の記念日には、ここで食事をしたい」という「感動が倍加」した状態で、「個客」がまったく気づかない「シーズ（種子性：心の奥底にもやもやしていたもの）」を実現したことに対する「感謝」の気持ちが生まれた状態である。

こういったエクセレント・サービスを提供する重要なポイントは、「個客」にサービスするときに、お名前で呼ぶことができていて、「個客」1人ひとりの期待に応えられる接客サービス、つまり「ワン・ツー・ワン・サービス」が提供できていることである。

（3）個客発の立場に立つ

いま世の中は、「個客」主導の時代で、自己実現を果たしてくれる商品やサービスしか受けない時代である。つまり、企業の押しつけマーケティング時代は去り、個客の「ニーズ」「ウォンツ」や「シーズ」を探求し、仮説を立てて検証していくマーケティング時代が到来している。

個客の「ニーズ」、「ウォンツ」や「シーズ」を実現する基本的な条件は、「個客発の立場に立つ」ということである。これが何を意味するかというと、企画する人や、商品やサービスを提供する人が、みずから個客になりきる感性が必要なのである。

（4）ターゲット・マーケティング

従来、企業のマーケティングは、すべての生活者を対象に商品やサービスを提供していたが、いまや客層を絞り込んでいかなければ、企業の提供する商品やサービスは見向きもされない。つまり、幅広い客層を対象にしていると、個客にとって本当に自分の欲しい商品やサービスが見つからず、ほかで入手するようになるだけである。今の時代、大衆相手ではなく少衆に訴求する「ターゲット・マーケティング」が必要なのである。例えば、性別、年代別、ライフスタイル別などに、ターゲットを絞り込むことが求められる。

4 エクセレント・サービスのキーワード

エクセレント・サービスを提供するには、最適なキーワードに基づいたコンセプトを確立していくことが重要である。エクセレント・サービスの基本は、おもてなしやホスピタリティという立場から考えていくことであるが、以下に列挙する12のキーワードは、すべて実践する必要はなく、目指す接客サービスによって単独でも、あるいは複数でも、トップの考え方にしたがって用いることが可能であろう。

(1) アップスケール(Up scale:質の向上)

いま、「個客」が求めているものは、生活の質の向上であり、商品の質の高さと、雰囲気の良い店と、心暖まるサービスであり、自己実現の欲求をいかに実現するかである。一度受けた接客サービスも同じレベルでは満足は続かず、常にアップスケールを求められる。したがって、昨日より今日、今日より明日といったように、接客サービスのレベルを向上しなければならない。

(2) エンターテイメント(Entertainment:愉快な)

「エンターテイメント」というのは、来店された「個客」に楽しんでもらうための「エンターティナー性」にあふれていることである。すなわち、「個客」に楽しさあふれる「愉快さ」を提供することである。

(3) エキサイティング(Exciting:わくわく)

「エキサイティング」というのは、「心がわくわく」、「胸が躍る」、「興奮する」ということである。つまり、接客サービスの提供の仕方が素晴らしく、「個客」の心をわくわくさせることである。

（4）カジュアル（Casual：気軽な）

「カジュアル」というのは、「気軽に」ということである。つまり、接客サービスは親しみがあり、「個客」との会話も気軽に、楽しく、「個客」同士の会話は弾む「気軽さ」である。

（5）アンビアンス（Ambience：雰囲気が良い）

「アンビアンス」というのは、大人のムードを全体に醸し出す雰囲気づくりをすることである。この意味するところは、「アップスケール」、「エンターテイメント」、「エキサイティング」、「アメニティ」を適度に組み合わせた接客サービスを提供することである。

（6）アメニティ（Amenity：適さ）

「アメニティ」というのは、まさに「快適さ」を「個客」に提供することであり、「心地良さ」を感じてもらうことである。この意味するところは、ホスピタリティあふれる接客サービスを「個客」に感じさせることである。

（7）ヒドノミクス（Hedonomics：楽しみ）

「ヒドノミクス」というのは、「楽しさいっぱい」ということである。つまり、「高品質」、「愉快」、「わくわく」、「雰囲気」、「快適」などの要素がいくつか組み合わされた接客サービスで、「とにかく食事が楽しかった」などと感じさせるものである。

(8) デライト(Delight:感動)

「デライト」というのは、「感動を提供する」ことである。この意味するところは、「個客」に「心から喜んでもらう、満足や感動を超えた接客サービス」を提供することである。

(9) エクセレント(Excellent:卓越した)

「エクセレント」というのは、「卓越した」ということである。つまり、エクセレントな接客サービスとは、「感動」で終わりではなく、「感動」が実現するとさらに上質な接客サービスを得ようとする「個客」の自己実現の欲求に応えるものであり、ほかに真似のできない個性化を図ることにより、「個客」から「感謝」されることである。

(10) エレガント(Elegant:優雅な)

「エレガント」というのは、「優雅な」ということである。つまり、まさに接客サービスが「優雅」に提供され、「個客」は「優雅な」気分を満喫できることである。

(11) ニュー・ラグジュアリー（New luxury：新しい贅沢）

「ニュー・ラグジュアリー」というのは、「ワンランクやツーランク上の高品質」ということである。例えば、最高級のレストランへ行くのであれば、まさにラグジュアリーで、高所得者層しか行けないかもしれない。しかし、「ニュー・ラグジュアリー」というのは、平均的所得者層でも、1年に1回とか2回は、ラグジュアリーを味わおうという考え方で、それによって幸福感を得ようとするものである。

(12) プレステイジ（Prestige：名声の高い、一流の）

「プレステイジ」というのは、「名声が高い」ということである。「個客」を王侯貴族のようにもてなし、「個客」が心に秘めている「ウォンツ」を先読みして、「個客」が「感謝」するような「ミスティーク（神秘）」までも提供することである。つまり、「個客」が要望することを「かゆいところに手を伸ばす接客サービス」で、さらに「あっと驚くような接客サービス」を提供することである。

5　運営基本原則の確立

企業が実際に「個客」と接する舞台では、「場」の運営に関する「運営基本原則」を確立して、舞台づくり、商品づくり、サービスづくりなどを運営に携わるスタッフ全員に徹底させることが不可欠な条件である。従来、「品質第一（Quality）、良いサービスの提供（Service）、清潔感のある店舗（Cleanliness）」という「QSC」という運営基本原則を目指して、企業は全精力を傾けていたが、個客時代になると、「QSC」もアップスケールさせなければならない。

「QSC」のアップスケールとしては、「おもてなし（Omotenashi）、デリシャス（Delicious）、アトモスフィア（Atmosphere）、バリュー（Value）」という「ODAV」を「運営基本原則」として実現しなければならない。しかも、「OADV」には、ゴールがなく、「個客」の自己実現の欲求に次々と応えていかなければならない。

この運営基本原則というのは、サービス・ビジネスを展開していく上で、店舗運営の根幹を成すもので、企業ミッションと同じくらい重要である。企業は当然ながら、店のマネジャーにとっての仕事の大半は、会社が設定した運営基本原則の基準を維持するだけでなく、発展させることだと認識しなければならない。

（1）おもてなし（Omotenashi）

おもてなしというのは、家庭に客人を迎えて「おもてなしの心」で歓待をするのと同じように接客サービスをすることである。家庭でのおもてなしは、1人ひとりの客の好みを聞いて飲み物や食べ物を用意するが、これが個客対応である。つまり、従来のサービスは、「個客」に満足を提供するために、サービスのレベルを設定し、どちらかというと不満を解消することで達成できるものであった。この意味するところは、グッド・サービス、ベター・サービス、ベスト・サービスまではマニュアル・サービスということである。

おもてなしは、ベスト・サービスでも実現可能であり、これを目標に置くこともできるが、真のおもてなしというのは、マニュアル・サービスを超えるエクセレント・サービスによってのみ実現できるものであり、「感動を倍加し「個客」が感謝する」もので、しかも終わりがなく、かつ「個客」のリピート率が高くなければならない。

(2) デリシャス (Delicious)

品質第一というのは、品質レベルを設定していき、それを達成することは当然のことながら、その品質を維持することで達成することが可能であった。しかし、アップスケール時代が到来しても、品質を維持することしかできないのが現実の姿であった。つまり、経済的要因によって、品質のアップスケールは抑制されてきた。

デリシャスというのは、品質が良いということが大前提であるが、食品でいえば味覚づくりであり、味覚には甘味、酸味、苦味、塩味、うま味の基本的な味のほかに、五感で感じる香り、コク、食感などで「おいしい」を通り越して「めちゃくちゃうまい」と「感動」するようなものである。またデリシャスには、安全性、安心性、健康性、快適性、本物性、文化性が不可欠であり、「個客」の「ニーズ」を通り越して「ウォンツ」や「シーズ」を提供することが肝心で、オリジナリティにあふれていなければならない。

このためには、これまでのシステムや調理済の半商品に頼る調理方法から、原材料、調味料を見直し、調理技術を向上しなければならない。そして、産地に赴き本物の原材料を調達し、調味料を研究し、さらに本物の料理と出会うことが必要である。つまり、「個客」の日常の食生活より、はるかに卓越した料理を提供することである。これには、ファッション性があふれ、「サッシー・ストレンジ・スパイシー（Sassy、Strange、Spicy：小粋で、新鮮で、刺激的）」で、「ビジュアル性」があり、「感動」するものでなければならなくなってきている。

（3）アトモスフィア（Atmosphere）

「清潔感」というのは、ピカピカに磨かれている状態をいう。当然、清潔な店舗づくりが実現していることが大前提であるが、「個客」が「感動」してくれる雰囲気をつくり出すことが必要である。店舗の外観やフロアが「個客」から見て、「これは楽しい店」と感じられる雰囲気づくりが必要で、「個客」同士の会話、「個客」と店のスタッフの会話が自然とはずむような雰囲気づくりをすることである。

これは、ことさら華美で豪華な店舗をつくることではなく、ターゲットとする「個客」が楽しめる雰囲気づくりを実現することで、さらに、この雰囲気の中で「個客」が雰囲気を盛り上げ、「個客」が雰囲気をつくり出すものにしなければならない。この要件の中には、「個客」が雰囲気をつくり出すという、「ワン・ツー・ワン・マーケティング」が存在していなければならない。

(4) バリュー (Value)

バリューというのは、非日常的な空間や商品やおもてなしづくりをすることである。つまり、普通のレストランや家庭よりはるかに価値のあるものを提供しなくてはならない。「個客」は、自分のための楽しさを体験したくて、わざわざ店を訪れるのであるから、ほかで味わうことのできないものを提供しなければ、一度は訪れても、二度と利用しなくなってしまう。

バリューというのは、「ODA」が個性化されたもので、ほかと比較にならないものが存在していること、ほかが真似をしようとも追いつかないものがあって、はじめてバリューとして認められるものである。つまり、「個客」が「ODAV」を体験して、「ああこの店に来て良かった」と「感動を倍加」し「感謝」されることである。

第2章　感謝のあるサービス

エクセレント・サービスというのは、「感動」の連続で「感動を倍加・感謝」させなければならない。その出発点は、まず基本的に接客サービスを提供するビジネスだけでなく、家庭、学校、社会を構成する生活者全員が、おもてなし社会の実現を目指すことが重要である。なぜなら日常生活における道徳観や規範が、真のエクセレント・サービスを生みだす原石になるからである。「玉磨かざれば光なし（生まれつき才能をもった人でも、勉学に励まなければ立派な人にはなれない）」とたとえられるように、おもてなし社会を実現するためには、日常からの意識づけや教育が重要な鍵を握っている。

1　サービス・ホスピタリティ・おもてなしの意味

サービス、ホスピタリティ、おもてなしという言葉が、広くサービス産業で使われている。おもてなし社会を実現するためには、まず、それぞれの言葉の真の意味を理解することからはじめなければならない。

(1) サービスとは

「サービス(Service)」という言葉は、ラテン語の「奴隷(Servus)」に由来している。英語では、「奴隷(Slave)」や「召使い(Servant)」という言葉にも変化をしている。つまり、「サービス」という限り、サービスを受ける側が主人であって、サービスを提供する側が従者であるという主従関係にある。このような関係では、お客様が主人であるから、サービスを提供するスタッフからは「満足」を得るために「奉仕」される立場にあり、あくまで上下関係においてお客様とスタッフの関係が成立している。その意味するところは、組織的にいうならば「タテの組織」である。

「サービス」という語は、商品を購入した時におまけや値引きをするときに「サービス」をしておくという風に使われることがあるが、一般的には接客サービスのことを指している。接客サービスというと、小売店・専門店では、「お客様のお迎え→商品の注文を受ける→商品の包装→代金の授受→商品のお渡し→お客様のお見送り」となる。レストランでは、「お客様のお迎え→客席へのご案内→メニューのお渡し→商品の注文を受ける→商品の提供→会計→お見送り」、ホテルでは、「お客様のお迎え→チェックイン→部屋へのご案内→会計→お見送り」、旅館だと部屋へのご案内の後に、食事の提供が入る。

これらは、お客様に接する作業の手順で、人を通じて行うことから、通常サービスとして位置づけられる。ここでのお客様の評価は、サービスが良かったとか悪かったとかということで、いわば「お客様にご案内や商品の提供する活動をサービス」としている。

(2) ホスピタリティとは

「ホスピタリティ(Hospitality)」というのは、ラテン語の「Hospes(客人の保護者)」に由来し、その意味するところは「巡礼者や旅人を寺院などに泊めて手厚くもてなすこと」である。ここから、英語の「病院(Hospital)」、「ホスピス(Hospice)」、「ホテル(Hotel)」、「ホスト(Host)」などの派生語も生まれた。ホスピタリティには、たとえるなら、病院の医師や看護師が患者の痛みをわがことのように思って、1日も早く治してあげようと治療に努め、患者の身になりきる状態同様に、「お客様の心になり切るサービス」という意味が込められている。寺院という施設や、それを迎える人は、旅人に喜びを提供することによって、提供側が喜びを感じるという考え方である。ゆえに、お客様をゲスト、スタッフをホストと位置づけている。

ゲストとホストの関係は、サービスでいうところの上下関係ではなく、対等なヨコの関係である。したがって、ホスピタリティというのは、ゲストとホストは、常に相互信頼と共存共栄の関係にあるという思想である。つまり、接客サービス側がホスピタリティを提供しているつもりでも、お客様がその心を受け止めてくれない限りホスピタリティは成立しない。言い換えれば、お客様が心地良く感じてくれた時がホスピタリティで、それ以外はサービスの域を出ていないということになる。ただしホスピタリティを意識しすぎてもだめなので、常日頃から人に親切にしようという心が大事で、接客というよりも「接心」というほうが心の持ち方が変わってくるであろう。

いくら接客に努めてもお客様に「心」が届かないことは多いが、「接心」は「心」を提供することでホスピタリティが提供できたことになる。その判断は、お客様から「ありがとう」、「また来ます」とか「おいしかった」という言葉が返ってきた時である。もし、このお客様が1回しか来店しなかったら、そのホスピタリティは本物ではない。お客様が何回も足を運び、しかも夫婦や友達と何度も訪れるようになったら本物で、「ストア・ロイヤリティ」という信頼感が生まれたことになる。

(3) おもてなし

ホスピタリティというと、外国から学ぶものが多いが、最近は外国の企業が日本の文化である「おもてなしの心」を学ぶことが多くなっている。「おもてなし」は、一般的に「もてなし」に「お」をつけた美化語とされている。つまり、「もてなし」は、接待や歓待といったように義務感が強いものである。一方「おもてなし」は、精神的な面が強く、単に「おもてなし」ではなく、「おもてなしの心」が重要しされるのである。特に、日本の旅館は「女将」が旅館の顔として接客サービスを支えている。実際には旅館によって「女将」の役割は異なっているが、「おもてなし」で有名な旅館の「女将」の共通点は、「女将」が茶事でいう亭主の役割を務めている。

① 茶事に学ぶおもてなしの心

茶事では、季節の菓子や茶を用意して、亭主が少数の客人をもてなすが、亭主は招いた客の趣向に合わせて茶事を進行し、「もてなしの心」を表現する。一方、招かれた客は、亭主の意図を汲んで、亭主に「感謝」の気持ちを表すのである。つまり、茶事では、もてなされる客人も参加するので、しばしば「一期一会」という言葉が使われる。「一期一会」とは、生涯で一度の心の通い会う場を客に提供することで、主客ともに出会いを大切にすることである。これこそが、「おもてなしの心」の源流である。

茶事においては、亭主になった人は、まずお客様を迎えるために、茶室に通じる門から通路、庭、玄関に至るまで清掃し、水を撒き茶室の周辺をきれいにする。さらに茶室の中には、目的や季節に合った掛け軸、花、水差し、茶碗、釜などを用意して、炭をおこして湯を沸かす。さらに最高のお菓子を用意して、お客様を迎える準備する。これらのことは「しつらい」といい、語源は平安時代の「室礼」で、晴れの儀式の火に、室内を飾ってお客様に喜んでもらおうと準備をすることから来ている。

お客様がお見えになったら、丁寧にごあいさつをし、お茶を点てるのであるが、この際には、お客様の好みは「濃いお茶がよいか、薄いお茶がよいか」、「熱いお茶がお好きか、普通の熱さがお好きか」というように、お客様1人ひとりの好みによって差し上げ、さらに、お客様が喜んでもらったかを考えることが茶道の「おもてなしの心」である。

一方、招かれたお客様は、亭主の「おもてなしの心」の意図を組みとり、「感謝」の念を亭主に申し上げる。かくして主客が一体となって、はじめて、「一期一会」が成立するのである。したがって茶道は、小笠原礼法とあいまって、日本文化の「おもてなしの心」の原点になっている。

② おもてなしの心は日常生活から

日常の生活において、電車やバスの中で、友達との会話や食事の際、あるいは家庭内でたとえ夫婦でも、常に相手に親切にしてあげようという心配り、人に不快感を与えないようにする心配りが「おもてなしの心」を生むようになる。

③ おもてなしのアップスケール

エクセレント・サービスには限界がない。仮にすべての店がエクセレント・サービスを目指したとしても、まったく同質のサービスが提供されるということは、まずあり得ない。接客サービスの本質というものは、常に今日より明日、明日より明後日へというように、サービス・クォリティをほんの少しずつでもアップスケールしようという気持ちが必要である。

④ 個客の要望に合わせたおもてなし

「おもてなし」というのは、「個客」の細かな要望に積極的に合わせていこうという姿勢である。つまり、「個客」というものは、自分がしてほしいことへの期待をかなり高いレベルで持っている。ときに「個客」の「わがまま」を「要望」としてとらえ、しかもきめ細やかに積極的に合わせていき、期待以上のサービスを提供すれば、必ず「個客」は「感謝」するようになるであろう。

⑤　おもてなしの心を伝える、個客とのコミュニケーション

「個客」が心地良く利用し、「おもてなしの心」を感じてもらうためには、店側の「個客」に対するコミュニケーションが非常に大事なポイントとなる。なぜなら、「個客」はこうしてほしいということを口に出さないのが、ごく一般的だからである。したがって、店側が「個客」の期待されていることを実感し引き出すには、店側から積極的にコミュニケーションをしなければならない。しかし、積極的といっても出すぎは避けなければならない。

(4)「ゲスト」と「キャスト」

ディズニーランドは、しばしば良い接客サービスの例として紹介されるが、やはり基本コンセプトが、きっちり確立されている。ディズニーランドでは、お客様をゲスト（Guest）と呼ぶ。これは、アメリカでは家に招く客人をゲストというが、招待状を出して、ホームパーティに招いたお客様に喜んで帰ってもらうことと同様の位置づけである。つまり、ディズニーランドでは、お客様は単に物を買う消費者（Consumer）やお客様（Customer）では

なく、家庭に招くお客様と同じく、来園を心から楽しんでもらいたいという意味である。

また、アメリカでは、お客様を迎える人をホスト（Host）とホステス（Hostess）と呼ぶが、わが国ではこの言葉がイメージ上、異なっているので、スタッフをキャスト（Cast）と呼んでいる。キャストは「パークを訪れる1人ひとりのゲストを、自分のお客様として歓待し、喜んでいただこうとして行動をする人になろう」という意味が込められている。

キャストの役割は、これだけにとどまらず、全員がショーを演じる女優と俳優と位置づけている。例えば、掃除をする係もキャストであり、これは、「単に掃除をするのではなく、掃除というショーをゲストに見ていただく」という考え方である。このように、ディズニーランドでは、ゲストの目に触れる仕事は、切符売場にはじまって、ゲストが帰る出口のキャストまで、すべてのスタッフが役者なのである。したがって、キャストが着ているものは、ユニフォームでなくコスチュームであり、それは舞台衣装なのである。

(5) おもてなしの心とホスピタリティ

日本の「おもてなしの心」と、外国のホスピタリティの意味を説明したが、これらを比較して、どちらが優れているかを論じるつもりはまったくない。「おもてなしの心」は茶道、ホスピタリティは寺院から出発しているので、おのずと生活文化が異なっているからである。

しかし、日本にも外資系のラグジュアリー・ホテルが続々登場するようになってきて、日本の土壌や文化に根づいたコンセプトを確立するようになってきた。

　こういった外資系ホテルの経営者の共通している日本旅館についての感想は、「日本旅館のおもてなしの心は、個人的な要望をきめ細やかにくみ取ったパーソナル・タッチのサービスであり、〝ホスピタリティ〟を生み出す究極の形に近いものである」と感想を述べていて、日本でのラグジュアリー・ホテルの展開には、「おもてなしの心」をベースに入れなければならないと考えているほどである。つまり、「おもてなしの心」と「ホスピタリティ」を融合させ、ここに新しい生活文化を生み出したのである。最近、人気が落ちている日本の旅館やホテルがあるが、これらの主な原因は、当然のことながら時代を認識した経営を行っていないことであり、しかも待ちの経営に課題があるが、最大の原因は「おもてなしの心」や「ホスピタリティ」の欠如であることを経営者自身気づいていないことである。

　これは何も旅館やホテルだけの問題ではない。レストラン、百貨店、専門店などは、品揃えや店舗の雰囲気は当然のことであるが、最も評価されるのは接客サービスであり、そこに力を入れるか入れないかでお客様の人気度が決まってしまう。飛行機の場合は、選択される大きな要因としては運賃が占めているが、少々高くても接客サービスによって選ばれる傾向が高くなっている。このように、ビジネス社会においては、「おもてなしの心」や「ホスピタリティ」を最大の課題として取り組まなければならなくなっている。これからは接客サービス度によってビジネスの優劣が決まる時代が到来する。

「おもてなしの心」や「ホスピタリティ」は、お客様に接する場面だけでなく、それを生むためには、接客サービスを提供する側も、受ける側も「接心」を持たなければならず、個人の生活の中にも生かすことが非常に大事で、おもてなし社会の実現こそが、社会全体を明るくして、人々に「幸福」や「感謝」の気持ちが生まれてくるのである。本来「おもてなしの心はホスピタリティを生み出すもの」であるが、本書では「おもてなしの心＋ホスピタリティ」を合わせた概念として「おもてなし」として表現していくことをご理解賜りたい。

2　おもてなし社会とは

おもてなしは、「心からのおもてなし」ではあるが、そこには、ディズニーランドで味わう「楽しさ」というものが必要であって、堅苦しさえを感じるようなおもてなしはおもてなしではない。また、お客様を1人の「個客」として接しなければならない。つまり、家族と一緒に店を利用される子どもでも、家族の連れということでなく、お客様の1人として接するということで、「おもてなしの心」を持って接することが必要である。

(1) ディズニーランド化

ディズニーランドの素晴らしさは、単なる遊園地ではないというところにある。人々がそこに何度も足を運ぶのは、当然「楽しさ」があるからで、その楽しさというのは、「夢、感動、幸福」を提供するものであり、しかも終わりがないからリピーターを生み出すのである。つまり、「楽しさ」というのは、「夢、感動、幸福」の連続であり、その継続性を維持するには、アップスケールの連続が必要である。遊園地、店、レストランという舞台もアップスケールしなければならないが、投資もかかるので、そう簡単には転換できない。しかし、日本で開園する際は、アメリカのホスピタリティに日本の文化である「おもてなしの心」を付加して、ホスピタリティをどんどんアップスケールさせ、本場アメリカより称賛された。ディズニーランドにしろ、ラスベガスにしろ、本当に「夢、感動、幸福」を継続的に提供しているが、企業家自身も楽しんでいる。しかし、重要なことは、「カスタマー・リレーションシップ」を発揮できるキャストという「人」を「人財」に育てあげていることである。

(2) 個客ロイヤリティ

昨今では、自己実現のために、ほかとは異なる個性化を追求し、アイデンティティを求め、まさに「個」のマーケット時代になってきた。これが、おもてなし社会を実現する方向に動かしたのである。おもてなし社会というのは、1人の「個客」の「ニーズ」は当然のこと、それ以上に「ウォンツ」や「シーズ」を察知して、ベスト・サービスを倍加したエクセレント・サービスを提供し、「個客」ロイヤリティの獲得を目指すことである。

3　感謝のあるサービスの提供

そもそも「感謝」というものは、モノサシでは測れない。個人個人の主観や経験によっても「感謝」は異なり、お客様へ「感謝」を提供するとなると、その方法は見当がつかないかもしれないので、事例やみずからの体験を通して学んでいく必要がある。

(1) ディズニーランドの基本的な考え方

ディズニーランドでは、お客様が「感謝」されるための基本原則を次のように掲げている。

①　高い品質の追求と維持

ゲストに対して毎日行うショーやゲスト・サービスは、高い品質の追求と維持によって、「感動」を提供している。ゲストに完璧なものを提供するには、ディズニーランドという劇場では、毎日、キャストが初演の気持ちで、細部にわたるまで手を抜くことのないように努力をしている。初演の気持ちというのは、キャスト自身が毎日、毎日、新鮮な気持ちでワクワク感を持つことで、これがゲストに「感動」や「感謝」を与えるものであるとしている。

②　オリジナル性

ショーは、まさにエクセレント・サービスのキーワードを複数提供していて、「感動」の連続である。重要なのは、ショーは、世界でただ1つというオリジナル性をゲストに提供し、さらに新しいショーを常に企画開発しているので、ゲストはいつも新しい「感動」や「感謝」に出会え、何回も訪れたくなる。

③　価値観の提供

ゲストがディズニーランドで経験するすべてが、ゲストが支払うお金と時間以上の「価値観を提供すること」を目的としてショーは企画開発されている。これはゲスト・サービスにおいても同様で、ゲストの「感動」が連続する仕掛けが随所に見られる。したがって、ゲストはディズニーランドに行く前から心がわくわくし、さらにショーやゲスト・サービスによる「感動」の連続を経験し、入場したときに支払ったお金、レストランでの食事、ディズニーショップでの買い物、ホテルの宿泊で相当なお金を使っても、けっして高いと思わない。むしろ、もう帰らなくてはならないのかと時間不足を感じるほどの価値観を感じ「感謝」するのである。

④　夢の実現は人

ディズニーランドは、「感動」や「感謝」を提供するために、世界で一番すばらしい場所を企画開発し、創造し、建設することは、すべて人の手によるものと考えており、人材育成に力を入れている。さらにゲストに「感動」や「感謝」を提供し、「夢」を実現するためには、絶対に人が欠かせないとして、キャストの教育訓練を最重視している。つまり、ディズニーランドはピープル・ビジネスを地でいっている。

⑤　常にアップスケール

ディズニーランドは、ショーやゲスト・サービスの品質を高めていくアップスケールの努力を怠らない。その結果、ショーは常にオリジナル性を生み、さらにゲスト・サービスにより高い価値を持たせている。

(2) おもてなしの原点

「個客」に「感謝」をしてもらうためには、スタッフの「心」のあり方が最も大事な要素である。「心」というのは、「個客に感謝してもらいたい」、「幸せになってもらいたい」と願う「心」に一生懸命になることで、これが「個客」の「心」に伝わって共感を生み、初めて「感謝」が生まれるのである。

「心」を込めるということは、あたかも恋人に対する「愛情」、「親切」、「礼儀」と同じようなもので、スタッフが「個客」1人ひとりに「感謝」してもらいたいという「心」から生まれるものである。そして「安らぎ」、「喜び」、「幸せ」を提供できなければならない。つまり、「心」を込めるというのが、おもてなしの原点なのである。

（3）初めての印象づくり

「個客」に「感謝」を提供できるかどうかの決め手ともいえるのが、「個客」が店に一歩入ったときに感じる第一印象である。店に足を踏み入れた瞬間、店側の「心からご来店を歓迎する喜びや態度」を感じられれば、それだけでうれしさがあふれてくる。さらに心地よくかつ丁寧に席に案内されれば、なおさらである。つまり、「個客」に「歓迎される店」という印象を提供し、「個客に安心感を差し上げる」という心が大事なのである。

レストランの場合、「個客」が席に着いたら、速やかに水とメニューをお持ちすること。特に初めての「個客」は、何を注文してよいか迷っていることが多いので、親切かつ丁寧におすすめ料理を説明することである。つまり、「個客」の警戒心を解くことを心掛けることである。来店に「感謝」し、「個客に幸せを差し上げる」という心で接することを忘れてはならない。さらに一連のサービスは、フレンドリーな態度で「おもてなしの心」を提供し続けることによって、「個客」は「感謝」し、気持ちよく帰るであろう。こうした「感謝の連続」があれば、初めての「個客」もその店のファンになるに違いない。また、「感謝」の連続のためには、笑顔の連続が不可欠である。

（4）パーソナル・サービス

リッツ・カールトンでは、「個客」を名前で呼ぶ。フロントでは、「ようこそ、いらっしゃいませ。○○様、お待ち申し上げておりました」と挨拶し、キーを手にしたベルマンが待機しており、部屋の確認を行い、気に入らなければ代えてくれ、チェックインの手続きはすぐに終わり、部屋に案内してくれる。これが可能なのは、ホテルに到着した「個客」の手荷物のネーム・タッグをドアマンが即座に読み取り、「個客」を名前で呼んで歓迎を表すのみならず、ドアマンが身につけている小さなイヤホンとレシーバーで、ベルマンとフロントに到着した「個客」の名前を知らせているからである。このような接客サービスを受けると、初めて訪れた人でも、常連客になった気分にさせられる。これらはチームワークのたまものである。

もっと驚くことは、リピーターになるとチェクインはしないで、すぐに部屋に案内してくれるし、「個客」の嗜好、例えば新聞や枕、飲み物などの好みを把握していて、何もいわなくても希望が叶えられるような「わが家にいる気分」の快適さを提供している。まさに「個客が言葉にされない願望やニーズを先読みして、お応えする」とリッツ・カールトンの「クレド」の最後に書かれていることを、実現している証のひとつであろう。

リッツ・カールトンで、パーソナル・サービスの風土となっているのが、スタッフに「オーナーシップ（経営者の心）」を持たせていることである。これは「エンパワーメント（権限委譲）」を与えるにあたっては、「個客の立場に立つこと」がベースであり、接客サービスにおいては、自分がオーナーとしての気持ちを持つならば、「心くばり」、「気くばり」ができるとし、これがパーソナル・サービスの基本的な考え方としている。

（5）名前の覚え方

パーソナル・サービスの原点は、「個客」の名前を覚えることからはじまる。エクセレント・サービスを提供するには、これを苦手と思わないことである。日本人は「個客」の名前を覚えるのが苦手な人が極めて多いが、いろいろな工夫をすることである。「個客」の名前を覚えるコツは、まず自分自身が「覚えよう」という気持ちを持つこと、次に、顔や体の特徴と合わせて、「個客」の名前をイメージし、記憶の薄れないうちに手帳などに記録しておくことである。

大事なことは、毎日手帳を取り出して、手帳の記録を頼りに「個客」を思い浮かべることを続けていれば、覚えの悪い人でもある程度覚えるものである。名前の覚え方については、先輩や同僚にコツを聞いたり、方法を紹介した本を読んでみたりして、自分に合った方法を見つけることをおすすめする。

（6）個客の好みに合わせる

おもてなしの心は、「個客」の細かい要望に積極的に合わせていこうという姿勢である。つまり、「個客」というのは自分がしてほしいということに関しては「わがまま」である。

しかし、その「わがまま」を単に「わがまま」として聞くから、接客サービス側に拒絶反応が生まれるのである。「わがまま」を「ご要望」としてとらえ、積極的に合わせていけば、必ず「個客」は「感動」される。したがって、接客サービスにあたっては、心からの「感謝」の気持ちで、「心くばり」、「想いやり」を持てば、「個客」は店にいる時間を快適に過ごし、また来ようと思うのである。この場合、大事なことは、自分が「個客」だったら、どんな接客サービスをしてほしいかを考えることから自然なおもてなしの心が生まれるのである。

(7) 個客のわがままに対応

常連の「個客」になると、メニューにない料理を注文することがある。また、「予算は○○円でまかせる」といわれる場合もある。このような事例では、素材があれば調理をすること、まかされた予算の範囲内で「個客」の好みに合うメニューを提案すること、そういった努力が大事である。難しい注文ほど、その店が応えた場合、お客様は間違いなくファンになってくれる。

つまり「個客」の「わがまま」には、「個客」個人個人の「ウォンツ」や「シーズ」が込められているという認識が大事である。「個客」は「ウォンツ」をなかなか口に出さないし、「シーズ」に至ってはまったくわからないので、この絶好のチャンスを見逃すことは機会損失といっても過言ではない。「ウォンツ」や「シーズ」には、「個客」が店を利用する心の変化を読み解くヒントが潜んでいるので、「個客」の「わがまま」には積極的に応える姿勢を持つことが肝心である。

(8) シルバー世代への対応

シルバー世代の「個客」には、料理の量や味付け、食感などに工夫が必要である。例えば、CoCo壱番屋や大戸屋では、小さなサイズのライスがあるが、標準の量を少なくし、しかも料金を下げている。大戸屋はおふくろの味をテーマにビジネス展開しているが、女性客に人気の理由は、1つは健康であるということと、この小さなサイズのライスに人気があることはあまり知られていない。CoCo壱番屋でも、シルバー世代の利用が増加している。この理由は、基本のライスの量が300グラムなのに対し、小盛200グラムが50円引き、さらにライスの量が150グラムで全体のボリュームも少ないハーフサイズをメニューに加えたことで、行きやすくなったからである。

今後、シルバー世代がますます増えるので、その「ニーズ」や「ウォンツ」を読むことがビジネス・チャンスを広げる鍵となる。シルバー世代の多くは健康、安全はもちろん、「量は少なくても美味しいものを」と考えている。しかし、いまだに多くのレストランや旅館で、量の問題を解決していない。アメリカのある有名レストランでは、夫婦で食事をとるときに、前菜1品、メインディッシュ1品でも歓迎してくれるのは、「感動」そのものであり「感謝」

してしまう。ところが、日本では、食べきれないほどの量を提供してくれるが、食事を残すのは失礼だと思い無理して食べてしまうことがある。一度、そういう経験をすると、その店には足が向かなくなってしまう。シルバー世代にとって行きやすいのは、量がコントロールできる寿司店である。有名な銀座の久兵衛では、最初に握った寿司を出したときに、「ご飯の量は、このくらいでいかがですか」と聞いてくれるので嬉しくなってしまう。

(9) マニュアルを超えた接客サービスの提供

マニュアルは、店の最低限のルールであり、スタッフがこれを厳守するのは当然である。しかし、「個客」にはマニュアルはまったく関係なく、「こんなことをしてほしい」という気持ちで来店しているのである。よくマニュアルにないことはできない、という態度の店を見かけるが、マニュアルにないことに応えてこそ、「個客」の「感謝」を生み、店の評価が上がるのである。マニュアルは「個客」の要望によって、見直したり、書き換えたりすることが重要で、これこそがエクセレント・サービスにつながるのである。

このためには、店のスタッフ1人ひとりが豊かな「感性」を持って、仕事をすることである。ホスピタリティ・マインドの「感謝」の気持ちが根底にあることが不可欠であり、その「感謝」には「愛情」、「真心」、「誠心誠意」、「温かさ」という人間味があふれていなければならない。

⑽ 個客とのコミュニケーション

「個客」が店で心地良く過ごし、おもてなしを感じてもらうためには、店側のコミュニケーションが非常に大事なポイントになる。「個客」は店側にこうしてほしいということを口に出さないのが普通と思わなくてはならない。店側から積極的にコミュニケーションしなければ、「個客」のご要望は引き出せない。いわゆる接客の基本用語も大事であるが、これを上回る応用応対がポイントになる。

このポイントを実現するためには、「個客」の名前を覚えることである。そこまでできない場合は「個客」の顔を覚えておくことである。そのためには、初めての「個客」でも、「いらっしゃいませ」だけでなく、最低「おはようございます、いらっしゃいませ」の挨拶が欠かせない。

「個客」へのコミュニケーションの第一歩は、「〇〇様、いらっしゃいませ」とか「〇〇様、いつもご利用いただきありがとうございます」という挨拶ができることである。こういった挨拶を繰り返し、「個客」が返事をしてくださったら、コミュニケーションを深めることが可能になる。

4　最高のエクセレント・サービス

エクセレント・サービスの中でも、「個客」の要望に対して「NO」といわないことが「最高のエクセレント・サービス」と賞されており、その根底には「おもてなしの心」が存在している。

(1) NOといわない接客サービス

おもてなし度が高いホテルやレストランや、「おもてなしの心」にあふれる旅館の最高のエクセレント・サービスは、たとえ「個客」の要望が適えられないようなものであっても、けっして「NO」とはいわないことである。

つまり、「個客」からどのような要望があっても、「かしこまりました」と一旦は「個客」の気持ちを受け、誠心誠意努力をすることである。すぐに解決できないときにでも、「すぐにはお応えできないと思いますので、お時間をいただけますか」と伝える。時間がかかり要望になかなか応えられない場合は、「こういうことを調べておりますが、まだ見つかってお りません。もう少しお時間をいただけますか」と途中経過を報告する。最終的に解決できない場合は、理由をきちんと説明し、代替案を提案してみる。これだけ努力をすれば、大体納得してもらえるものである。大切なのは、まず「何とか努力してみよう」という気持ちで、行動することである。

「NO」をいわないということは、誰でもいえることであるが、すべて実現するのは容易なことではない。「NO」といわないということは、「個客に恥をかかせない」という意識を持たなければならない。つまり、「個客」は要望がどこまで適えられるかというより、気持ちを訴えているのであるから、たとえできそうにないことでも「できません」と否定してはならない。

「NO」をいわないといっても、「個客」の要望をそのままの形で認めることではない。代替案を提案し、よりアップスケールした「おもてなし」を考えることで、「結果として得をした」と思ってもらえるような接客サービスを提供することである。「個客」が「否定された」という気持ちにならないコツである。

また、サービス側は、常に「もっと「個客」に何かをして差し上げられることはないか」と自問自答し、頭をフル回転させることこそが重要なのである。多くの人が気づかない小さなことや「個客」の欲していることは何かという、臨機応変、以心伝心の対応を常々思考することである。

「NO」といわないためには、「個客が何を本当に望んでいるか」を理解することである。悪いサービスでは、「個客」の本当の願いを掘り起こせず、ただ表面の言葉を聞くだけで

「できない」とはねのけてしまっていることがほとんどで、それは説明不足、コミュニケーション不足、悪くいえば怠慢が招いているものである。重要なことは、「いかに1人ひとりのお客様に真剣になれるか」ということを肝に銘じてほしい。

(2) 日本の旅館の接客サービスに見る最高のエクセレント・サービス

エクセレント・サービスを提供している旅館の接客サービスの特徴は、「お出迎えからお見送り」まで、「心を込めたお世話」によって、来館者が日常のわずらわしさを忘れて最良の時間を過ごせることにつきる。例えば、インターネットで予約をした場合でも、まずメールで予約を感謝する旨の返事があった上、電話での確認がある。旅館によっては、予約の数日前に最終的な確認とアクセスの方法や時間を聞いてくる。また、食事についての好き嫌いを聞くところもある。

接客サービスは、「個客」が電車で駅に到着したときから始まる。「おもてなしの心」の高い旅館は、ここに重点を置いている。さらに、旅館に到着すると、大勢のスタッフによる出迎えがあり、名前を告げただけで部屋に案内される場合もある。客室係は「もてなす側の主役」であり、「個客」を部屋に通すと、あらためて正式に挨拶をして名前を告げ、お茶をいれ、お菓子を提供する。「おもてなしの心」の高い旅館の基本哲学では、客室係を「お客様の代弁者」と位置づけ、客室係から伝えられた情報は速やかに手配されるのである。例えば、電話で食べられないものを連絡していなくても、「個客」の好みはすぐに調理部門に伝えられる。特に食べなれない地魚の刺身を好みによっては、東京の築地市場から取り寄せてある魚に取り替えるというきめ細かな配慮がなされる場合もある。

多くの「個客」が、旅館で過ごす最大の楽しみは、食事である。趣向を凝らした料理が並び、客室係が食欲をそそる説明をそえたり、ご飯が早く欲しいことを察したり、最後まで終始笑顔で献身的な接客サービスで、「個客」を喜ばせる。何度も訪れるようになると、「個客」の好みを十分把握し、献立表を変更してくれたり、量も「個客」に合せてくれる。客室係の接客サービスは当然のことながら、気持ちよく美味しく食べられるような気分にさせてくれる。客室係は、滞在中常に細かい点にまで気を配り、つかず離れずの距離感を保ち、決してでしゃばらず、タイムリーに世話をし、「個客」が何か要望する前にさりげなくサービスをするのである。

帰りには、全員が車の見えなくなるまで手を振って、「感謝」の気持ちを込めたお見送りをする。旅館によっては、「個客」の車まで荷物を積んだり、駅で電車が出発するまで見送ったり、自家用車の場合、出発前に車の窓をふいたりするところもある。いずれにせよ最初から最後まで、一貫したきめ細やかなサービスは「また来よう」と思わせる「満足」、「感激」、「感動」を超え、「本当にありがとう、また必ず来ます」と「感謝」をする接客サービスとなり、まさに最高のエクセレント・サービスそのものである。

このような旅館では、必ず客室係の教育訓練を徹底している。礼儀作法や敬語は社会一般のモデルになるくらい評価が高く、こういった「おもてなしの心」は茶道の精神に通ずるところがある。また、「女将」のリーダーシップが非常に高く、「客室係重視」の姿勢がうかがわれると同時に、客室係との双方向によるコミュニケーションが確立されていることがわかる。よって客室係は、働く喜びを持ち、「個客」に接するので、素晴らしい笑顔が生まれ、「心からのおもてなし」を表現する最大の武器になっている。このエクセレント・サービスは、ほかのホテルや旅館、レストランの模範となることはもちろんであるが、社会一般のビジネスや生活の場にあふれたら、もっと心豊かで楽しい日本になることは間違いないであろう。

第3章　エクセレント・サービスの実例

　エクセレント・サービスを提供するには、エクセレント・サービスの実例に触れるのが、近道となろう。その実例が語られるとき、まず登場するのがリッツ・カールトンとディズニーランドである。また稲取銀水荘と加賀屋は、「おもてなしの心」を提供する日本旅館の代表格として知られている。こういった企業の理念や仕組みを学び、また実際に訪れてみて、みずからの環境に応じて実践していくことで、エクセレント・サービスへの理解が一層深まるであろう。

　さらに、本章では、諸外国における「感動ある雰囲気・演出」、「感動あるサービス」の事例を併せて紹介する。

1　リッツ・カールトンの企業風土

　「ゴールド・スタンダード」に集約されるリッツ・カールトンの理念は、接客サービスを提供する企業が模範とするばかりでなく、多くの企業の手本となっている。リッツ・カールトンについては、すでに多くの書物などで紹介されているが、あらためてその接客サービスの神髄に触れておこう。

(1) リッツ・カールトンとは

世界屈指のラグジュアリー・ホテルを展開するリッツ・カールトンは、1994年に巨大ホテルチェーンのマリオット・インターナショナルの傘下に入ったが、企業風土を変えることなく従来どおりの方針で経営を続けている。リッツ・カールトンは、誰しもが「一度は泊まってみたい」という憧れのラグジュアリー・ホテルとして人気が高く、どのホテルも展望の素晴らしさを十分に生かし、優雅な雰囲気を醸し出している。だが何よりも「ホスピタリティ・マインド」は、最高である。

リッツ・カールトンが対象としている客層は、所得でいえば上位5%以上といわれているが、5%以下であってもエクセレント・サービスに触れてもらいたいという考え方があるので、多く人々が「感動を倍加」させられる、素晴らしいニュー・ラグジュアリーを体感している。

(2) リッツ・カールトンの学び方

リッツ・カールトンのセミナーを受けたり、本を読んだりしている方は非常に多いが、なかなか、その真髄に触れられないのではなかろうか。大事なことは、宿泊やレストランを実際に利用してみることである。さらに大事なことは、スタッフにいろいろな質問をしてみることである。以前、スタッフに質問したところ、「クレド・カード」というカードを示し、その内容について丁寧に説明してくれた。これはリッツ・カールトンの「ゴールド・スタンダード」を知らないためであったが、いまや「ゴールド・スタンダード」は、広く世間に知られているので、これを学んでからスタッフに質問するとリッツ・カールトンの真髄の一端に触れられるかもしれない。

スタッフへの質問でわかったことは、「ゴールド・スタンダード」だけでは、あの素晴らしい接客サービスは生まれないことであった。リッツ・カールトンの「ゴールド・スタンダード」を実現するためには、基本的な教育訓練の実施、全スタッフによる事例の収集とスタッフ・ミーティングを通じての紹介、事例実現のためのディスカッション、優秀スタッフの褒賞などのシステムが確立されていることであった。しかし、システムは外部からは、なかなかうかがい知れず、他社が「ゴールド・スタンダード」を真似ても、リッツ・カールトンのエクセレント・サービスに到底及ばない大きな要因といえよう。

(3) 基本的な精神

「ゴールド・スタンダード」には、「クレド（信条）」と呼ばれる記載があり、これがゲストを魅了し、リピーターとしている最大の秘訣である。「クレド」とは、リッツ・カールトンの基本的精神で、いわば哲学や理念にあたり、企業ミッションを示している。「クレド」は、マニュアルと間違えられることがあるが、「クレド」の位置づけは、これを理解し、スタッフ全員が同じ感性と価値観を共有していれば、マニュアルの実践はたやすいという考えである。

スタッフ全員が、常に「ゴールド・スタンダード」が記載された「クレド・カード」を携帯しており、カードには「クレド」、「モットー」、「スタッフへの約束」、「サービスの3ステップ」、「サービス・バリューズ」が書かれている。「ゴールド・スタンダード」は、スタッフが本当に心から理解できるまで、何十回でも何百回でも繰り返して読むものである。ただ知っているだけではなく、体全体にしみこませなければならないものである。リッツ・カールトンの偉大さは、スタッフ全員に「ゴールド・スタンダード」の持つ深い意味まで理解させること、さらに頭のてっぺんから足のつま先まで詰め込むシステムが確立されていること、また、それが押しつけではないということである。

いずれにせよリッツ・カールトンの「クレド」にはじまる「ゴールド・スタンダード」、その他のシステムについて学び、自社の手本とすることが大事ではなかろうか。以下、その内容を紹介するが、これだけでは理解できにくいと思われるため、若干のコメントを試みた。

① 信条（CREDO）

リッツ・カールトンはゲストへの心のこもったおもてなしと快適さを提供することをもっとも大切な使命とこころえています。

私たちは、ゲストに心あたたまる、くつろいだそして洗練された雰囲気を常にお楽しみいただくために最高のパーソナル・サービスと施設を提供することをお約束します。

リッツ・カールトンでゲストが経験されるもの、それは感覚を満たすここちよさ、満ち足りた幸福感そしてお客様が言葉にされない願望やニーズをも先読みして、おこたえするサービスの心です。


「クレド」と「モットー」は、リッツ・カールトンの基本理念にあたるもので、「ホスピタリティの精神」そのもののあらわれである。この精神が、リッツ・カールトンの評価を高める源泉になっている。「クレド」は、単に聞いたり読んだりしただけでは理解できないため、「サービスの3ステップ」や「サービス・バリューズ」などによって「クレド」を実現しているのである。

② モットー

“We are Ladies and Gentlemen Serving Ladies and Gentlemen”
紳士淑女をおもてなしする私たちもまた紳士淑女です。

リッツ・カールトンでは、ゲストとスタッフは、ヨコの関係であり、ゲストが紳士淑女なら、おもてなしするスタッフも紳士淑女でなければ、本当のホスピタリティは提供できないとしている。つまり「ゲストの立場」や「お客様の目線」に立たない限り、ゲストの「ニーズ」を理解できず、期待以上のおもてなしができないという考え方のあらわれである。

③ スタッフへの約束

リッツ・カールトンではゲストへお約束したサービスを提供する上で紳士・淑女こそがもっとも大切な資源です。

信頼、誠実、尊敬、高潔、決意を原則とし、私たちは、個人と会社のためになるよう持てる才能を育成し、最大限に伸ばします。

多様性を尊重し、充実した生活を深め、個人のこころざしを実現し、リッツ・カールトン・ミスティーク（神秘性）を高める…リッツ・カールトンは、このような職場環境をはぐくみます。

「スタッフへの約束」は、リッツ・カールトンの職場環境の基盤であり、個人個人を紳士・淑女として尊重していく風土づくりをあらわしている。つまり、会社がスタッフを人的資源として位置づけることによって、「ミスティーク（Mystique）」を生む素地を育てている。

④ サービスの3ステップ

1. あたたかい、心からのごあいさつを。ゲストをお名前でお呼びします。
2. 一人一人のゲストのニーズを先読みし、おこたえします。
3. 感じのよいお見送りを。さようならのごあいさつは心をこめて。お客様のお名前をそえます。

「サービスの3ステップ」は、「サービス・バリューズ」とともに、その位置づけはホスピタリティを提供するためのスタッフの行動指針である。「サービス・バリューズ」は接客サービスにおけるスタッフの「誇り」を具体的に表明しているが、「サービスの3ステップ」は、その前提となる接客の姿勢を明確にしている。

⑤ サービス・バリューズ

私はリッツ・カールトンの一員であることを誇りに思います

1. 私は、強い人間関係を築き、生涯のリッツ・カールトン・ゲストを獲得します。
2. 私は、ゲストの願望やニーズには、言葉にされるものも、されないものも、常におこたえします。
3. 私には、ユニークな、思い出に残る、パーソナルな経験をお客様にもたらすため、エンパワーメントが与えられています。
4. 私は、「成功への要因」を達成し、リッツ・カールトン・ミスティークを作るという自分の役割を理解します。
5. 私は、ゲストのリッツ・カールトンでの経験にイノベーション（革新）をもたらし、よりよいものにする機会を常に求めます。
6. 私は、ゲストの問題を自分のものとして受け止め、直ちに解決します。
7. 私は、ゲストや従業員同士のニーズを満たすよう、チームワークとラテラル・サービス（組織を超えたサービス）を実践する職場環境を築きます。
8. 私には、絶えず学び、成長する機会があります。
9. 私は、自分に関係する仕事のプランニングに参画します。

10. 私は、自分のプロフェッショナルな身だしなみ、言葉づかい、ふるまいに誇りを持ちます。
11. 私は、ゲスト、職場の仲間、そして会社の機密情報および資産について、プライバシーとセキュリティを守ります。
12. 私には、妥協のない清潔さを保ち、安全で事故のない環境を築く責任があります。

(4) ゴールド・スタンダードの意味するところ

リッツ・カールトンの素晴らしいホスピタリティは、「ゴールド・スタンダード」だけでは表現できない。さらに、スタッフへの質問や観察によって、「ゴールド・スタンダード」には、次のような意味が含まれていることがわかった。

① ゲストの要望には決して「NO」といわないこと

スタッフは、お客様から何か頼まれたときには、微笑みとともに、「Certainly（かしこまりました）」、あるいは「My pleasure（喜んで）」と答える。どんな細かい頼みごとにも真摯に対応し、決して「NO」とはいってはならないとしていることがうかがわれる。

② 常に笑顔を絶やさずに、積極的にゲストに目を合わすこと

スタッフは、常に微笑を絶やさず、ゲストと会話をする時にはゲストに視線を合わせてい

る。ゲストの質問には懇切丁寧に、要望には素敵な笑顔で応えている。またすれちがった時にも、この笑顔で挨拶している。つまり、お客様は、リッツ・カールトンに滞在している限り、笑顔につつまれているので、常に気分がよく幸せな状態というわけである。

③　ゲストが言葉にあらわさない要望をかなえること

リッツ・カールトンの最高のホスピタリティ・マインドのあらわれは、ゲストが何かを頼む前に察知して対応していることである。これは「夢、感動、幸福」そのものであり、また泊まりたくなる最大の要素である。なかなか要望をいい出せないゲストについても、そこを察してくれる。例えば、レストランで食事をしているときも、ゲストがスタッフを呼びたいという雰囲気を微妙にかもし出しただけで、さっと来てくれるのは嬉しい限りである。

また、レストランの利用目的をさりげなく聞き出し、「誕生日祝い」ということを告げると、「スペシャルデーですね」といって、通常決まっている食後のデザートをデザート・メニューの中から選ぶサービスに変更してくれた上に、スタッフからのメッセージつきのバースデー・カードを渡され、祝ってくれた。もちろん最近は、どこのホテルやレストランでも、誕生日を祝ってくれるが、多くは店側が決めたケーキのサービスやハッピー・バースデーを唄ってくれるにとどまり、食事を終わった後のケーキは余分で、リッツ・カールトンのようにデザートが自分で選べるほうがはるかに気が利いており、ゲストにとってはうれしい。

④　リピーターへ快適さを提供すること

リッツ・カールトンでは、リピーターに対して好みの部屋や飲み物を用意したり、愛読の新聞を届けたり、ゲストの嗜好を把握していて、何も頼まなくても要望がかなえられるので、わが家に匹敵する快適さを満喫できる。

⑤　ゲストをエスコートすること

ゲストがレストラン、庭やトイレなどの場所を尋ねると、言葉や手で方向を示すだけでなく、必ず連れていってくれる。「わかります」といっても、「もし迷われるといけませんので」と数歩先を歩き、時に振り返りながら、きちんと案内してくれる。出口のわかりにくい庭に出たい場合などは、かなり距離があっても、必ず連れていってくれるので迷うことがなく安心である。しかも、出口を開けて、庭の説明までしてくれるし、帰る方法まで説明してくれる。

⑥　マネジャーのボイス・メールによるフォローがあること

ラグジュアリー・ホテルでは、1日二度ベッド・メーキングを行うが、ターンダウン（就寝前の二度目ベッド・メーキング）のときはゲストの夕食時間にぶつかるときが多い。たまたま、この時間に間に合わないことがあって、ハウスキーパーがベッド・メーキングに来たときに丁重に断ると、必ずボイス・メールにマネジャーのお詫びが入っている。それがチェック・アウトの前日であると、チェック・アウト時にフロントでマネジャーの伝言が伝わっているかを聞いてくれる。断ったことは、客にとってたいした問題でなくとも、細かなことまで気配りがある。

2 ウォルト・ディズニーの経営理念

1983年の開園以来、多くのリピーターを獲得し続けている東京ディズニーランドは、開園当初からホスピタリティあふれる質の高いサービスの提供で衆目を集めてきた。ディズニーランドは、単に「遊ぶ」とか「楽しむ」だけではなく、子どもの頃からディズニーランドを体験してきた世代にとっては、おもてなし社会の実現に向けた、あの「感動」を生み出す「キャスト」の下地を学ぶ絶好のチャンスとなろう。

(1) 経営理念

創業者のウォルト・ディズニーは、次のような経営理念を掲げている。これが今日、世界のディズニーランドで、ゲストに「感動」を提供する基本的な思想である。

1. 皮肉な考え方は許されない
2. 一貫性と細部にあくまでこだわる

3. 創造力、夢、想像力を活かして絶えず進歩する
4. ディズニーの「魔法」のイメージを徹底的に管理し守る
5. 「何百万という人々を幸せに」「健全なアメリカの価値観」を讃えはぐくみ広める

(2) ビジョン

経営理念だけでは、今のディズニーランドは誕生していない。ディズニーランドは、ウォルト・ディズニーの高邁なビジョンがあったからこそ誕生した。そのビジョンとは、「全世界の人々に夢と希望を与え、楽しい場を提供すること」であり、ひと言でいうならば、ファミリー・エンターテイメントの実現である。

ファミリー・エンターテイメントの実現のために、ディズニーランドは、非日常の場を提供し続けている。ウォルト・ディズニーの「テーマパークは永遠に完成しない」という考え方を貫いて、これがリピートを生み、「リピート客こそ成功の鍵」として、次々に新しい企画を生んでいる。また、ウォルト・ディズニーは、「私は夢を見て、その夢を信念とし、勇気を出してリスクをとり、夢を実現するためのビジョンを遂行してきた」と語り、ビジョン主義を掲げていた。

ビジョンは、企業の大きな「夢」とか「ロマン」だが、ディズニーランドのビジョンは世

界の企業の中でも、最も偉大で高邁なビジョンの1つとして讃えられている。そして、ビジョンを実現するため、ビジョンを生かす行動指針の基本ともなる「夢を見る」、「信じる」、「勇気を出す」、「実行する」の4つの具体的な考え方をひたむきに守ってきたことによって、今日の姿があるし、さらなる飛躍が期待される。

(3) 夢を実現するための行動指針

ウォルト・ディズニーがいくらビジョンを掲げても、それを実現していくのは、スタッフである。しかし、どんなに優秀なスタッフでも、ビジョンを実現するのは容易ではない。そこで、ディズニーランドでは、「夢を実現するための行動指針」として、次のことをあげている。

① 夢を抱くこと

ディズニーランドの全体テーマとショーを企画開発するには、まず「夢」を描くことである。しかも、複数の「夢」を持つことが大事としている。「夢」を描いたなら、次に徐々に膨らませ、次いで「夢」に名前をつけて、「命」を吹き込ませることであるとしている。

② 徹底的に考えること

テーマとショーの企画開発を成功させるためには、「夢」を実現させるために、「徹底的に考えること」である。考えるための最大のポイントは、「自分自身が何をしたいか、また自分に何ができるか、また何をすればよいか」を考えることである。考え方の基本としては、「絶対に失敗しない」という信念を持つことで、失敗を恐れていては考え方がまとまらないばかりでなく、失敗を思うだけで、ショーの企画開発はスタートできないとしている。

③　目標を設定し計画を立てること

「夢」の実現のための企画開発をするにあたり、まず「いつまでに実現する」という強い意思のもと目標を設定し、詳細な計画を立てることである。そして、目標と計画を実現するためには、果敢に行動することとしている。

④　執念を持つこと

どんなに素晴らしい目標や計画でも、実行段階では、問題が生じることがある。しかも乗り越えられないと思われる試練が待ち受けていることが多いのもディズニーランドの特徴である。しかし、重要なことは、「夢」の実現という大きな理想を持ち続けることで、クリアしていくという執念が不可欠であるとしている。

⑤　計画変更の勇気を持つこと

困難と思える問題に対して執念を持って解決しようとしても、達成が危ぶまれるときは、実態を正確に把握して評価を行い、達成困難と判断したときは、計画を変更する勇気を持つことが大事であるとしている。

（4）リピート客実現の方針

ディズニーランドにリピート客が多いのは、新しいショーが次々と企画開発されているからで、確かにそれが誘客の大きな力になっている。しかしリピート最大の秘訣は、次のような「リピート客実現」の基本的な考え方を徹底させていることにある。

① すべてのゲストはＶＩＰ

この言葉は、どの「ゲスト」に対しても、ＶＩＰ（Very Important Person：最重要人物）、つまり最も大切なゲストとして接客サービスをしなさいということである。接客サービスの最重要視によって、ゲストに「感動」を提供している。

② ゲスト1人ひとりを最高のものにすることを目指す

ゲストの来園目的は、それぞれ異なり、動機や施設利用が違っても、1人ひとりの要望に対して最高の情報やサービスを提供するという姿勢をあらわし、「ワン・ツー・ワン・マーケティング」を志向している。つまり「個客」としてもてなすことによって、来園者全員が「感動」を味わって帰り、また来ようという気持ちになってしまう。

③ ファミリー・エンターテイメント最優先

ディズニーランドはビジョンとして、ファミリー・エンターテイメントを掲げている、その最たるあらわれが「キャスト」のアクションである。例えば、家族連れが写真を撮ろうとしていると、キャストがさっと現れて、「お撮りしましょうか」と積極的に声をかけてくれる。つまり、ゲスト最優先の考え方が徹底している証である。一般の観光地では、シャッターを押してくれる人を探すのに苦労をしても、ディズニーランドでは、キャストが声をかけてくれるので、ゲストは気持ちが高揚してしまう。

④　常にゲストの期待を超える

ディズニーランドのゲストは、かなり大きな期待を抱いて来園している。しかも、リピート客が多く、「感動」を一度味わった人も大勢いる。したがって、ゲストを「感動」させるには、期待に応えるだけでなく、それを超えなければならないとしている。このためには、ゲストの経験すべてに細心の注意を払わなければならないとしている。そして、ゲストの経験をゲストの視点から分析すること。それによって、ゲストの「ニーズ」や「ウォンツ」を理解し実現することができるとしている。つまり、「ゲストの立場に立つ」ことが、「ゲストの期待を超える」最大のポイントとしている。

3　日本旅館のおもてなし

「おもてなし」の文化は、長い歴史の中で日本ならではの繊細な感性で発展してきた。最近は、日本旅館の「おもてなしの心」が、海外のラグジュアリー・ホテル経営者のホスピタリティづくりに大きな影響を与えるまでになっている。中でも日本を代表する「おもてなしの心」を提供する旅館といえば、旅行新聞新社が主催する「プロが選ぶ日本のホテル・旅館100選」で長年トップまたは上位に選出されている「もてなし部門」の第1位の加賀屋と第2位の伊豆稲取銀水荘である。この100選には、4つの部門があり、両旅館の2016年度の順位は、次の通りである

【プロが選ぶ日本のホテル・旅館100選】

〔部門推薦理由〕

もてなし部門	おもてなしや心配り、対応、案内、清潔さなど
料理部門	献立や配膳（出し方・下げ方）、器、味、質、量など
施設部門	設備や機能などのハード面（客室、風呂、宴会場など）を重点に安全性と快適性など
企画部門	旅館の特徴づくりと総合演出、企画商品、商品開発など

〔加賀屋・稲取銀水荘の順位：2016年度〕

	加賀屋	稲取銀水荘
総　合	第1位	第3位
もてなし部門	第1位	第2位
料理部門	第3位	第2位
施設部門	第2位	第5位
企画部門	第3位	第5位

（1）稲取銀水荘

伊豆稲取銀水荘は、静岡県東伊豆町の稲取温泉で営業している和風旅館である。地上10階建て、120室、640人を収容し、東京駅から特急電車に乗ると約2時間半で到着する。

創業は、1957年（昭和32年）、木造2階建、13室の温泉旅館「銀水荘」としてスタートし、1983年（昭和58年）に、高層リゾート旅館「伊豆稲取銀水荘」として新装し近代化を果たした。新しい旅館は、桃山時代を連想させる古都の趣を伊豆に再現し、「雅の心」をテーマにしている。玄関を入ったメインロビーの流水には、300匹もの錦鯉が放たれ、ロビーにしつらえた浮舞台には、季節ごとに羽子板、雛飾り、武者人形などが飾られ、遠来からの客を優しく出迎えている。

また西伊豆では「堂ヶ島ニュー銀水」を運営しており、こちらは1996年（平成8年）に客室数123室682名収容の和洋を融合させたリゾートホテルとして近代化した。しかし、あくまでも「銀水荘」の伝統である「高品質なサービス対応」を基盤に、日本旅館の持つ「くつろぎ」と、リゾートホテルの持つ「明るさ」、「楽しさ」を融合させ、親しんでもらえる「心地良さ」が残るホテルづくりを目指している。

① 稲取銀水荘の経営理念

銀水荘の経営理念である「お客様第一主義」、「地域社会への貢献」、「社員の福利厚生」をもとに、「企業は人なり」という考え方で、「感性ある会社づくり」、「豊かな心を持つ社員づくり」を目標としている。さらに、最前線でお客様との接点を持つ仲居をサービス係と呼び「女将の仕事の代行者」として位置づけている。「基本は基本として重視するが、あとは臨機応変に」という思想で、この思想を1人ひとりのサービス係に徹底して浸透させている。

② 銀水荘のおもてなし

「銀水荘のおもてなし」は、次のようにホームページで紹介されている。

銀水荘のこころ

おもてなしは、接し方も、受け方も、人によって、千差万別。

銀水荘でお客様に接する者として、常にその場の「判断」と、「想う心」が求められております。

その場の雰囲気、常にお客様の心を考え、想い、行動する心。

ご来遊されるお客様の声を真摯に受け止めて、常に改善に結びつけ、未来につなげる姿勢。

一対一でしっかりとお話をお聞きし、しっかりと眼を見て、お話させていただく。

「当たり前の事を当たり前に」

「当たり前の事をそれ以上に」

銀水荘、おもてなしの心。

お客様のお出迎え、一杯のお抹茶の心

お迎えの一杯として銀水荘では、お部屋でお抹茶をお出しいたします。

一杯のお抹茶に込められた、銀水荘おもてなしの想い。

「亭主は真心以って細かい心を使い、おいしいお茶をお客様に差し上げること、お客様はその行為にまごころを以って答える」という、おもてなしの心構え。

銀水荘とお客様のまごころとまごころのふれあい。

人と人との出会いを喜ぶという意味を込め、銀水荘へご来訪くださった事を心よりうれしく想い、お客様の安らぎの場をご提供させていただきます。

銀水荘のおもてなしの粋、〝おみおくり〟

銀水荘で、お客様がお過ごしになってくれた事への御礼を、心から伝えたい。

「行ってらっしゃいませ　ご来館ありがとうございました」と。

「感謝の気持ちと、再訪を願う気持ちは、言葉だけでなく、心から表現していきたい。」

見て送るだけではなく、身をもってお客様を送る、「お身送り」

ご来館の感謝と、再訪のお気持ち、どうか、皆様のお心に、届くよう…

銀水荘一同

③　伊豆稲取銀水荘の接客サービス

伊豆稲取銀水荘の接客サービスの基本は、「個客発の立場に立って考えること」で、お客様が「こうして欲しい」、「こんなサービスを受けたい」と思うことを先回りして実践している。実際に訪問すると、驚くばかりでなく「感動」を覚えた。

伊豆稲取駅に着くと、改札を出たところに旅館の方が迎えてくれる。この方は、お客様の名前を確認して、送迎バスの場所を教えてくれる。駅からの送迎バスは、通常、階段を上がったマイクロバス乗り場から乗車しなければならないが、足の悪い人は、階段を使用しないで済む別の場所まで案内してくれる。バスに乗ると、出発前におしぼりが出され、着いた早々、嬉しく感じられるサービスである。旅館に入る前に、どこか立ち寄りたければ、希望の場所で降車可能で、手荷物は旅館まで届けてくれる。また旅館に到着すると「ようこそ、いらっしゃいませ」という歓迎の気持ちが全身にあふれていて、玄関先で大歓迎をうける。

接客サービスで、最も大切なのは、この駅での出迎えと玄関先での対応である。ここで来館者の第一印象はほぼ決定される。伊豆稲取銀水荘では、お客様が到着する前から、姿勢を正して出迎えの準備をしている。このような姿勢により、「この旅館は心の底から私たちを歓迎してくれている」とお客様は到着時点で感じるのである。

伊豆稲取銀水荘では、フロントで名前を告げると、宿泊表の記入をせずに、案内係が部屋のキーを用意していて、「○○様、ご案内いたします」といって、すぐに部屋に案内してくれる。そして宿泊表は落ち着いてから記入すればよい。2度目からは、宿泊表の記入はしなくて済む。案内係は部屋へ案内するまでに、それとなく来館の目的や要望を聞きだし、きめ細やかにサービスに反映してくれるので、お客様の喜びはさらに増すのである。部屋に入るとサービス係が来て、抹茶を点ててくれるが、挨拶からして茶道の「もてなしの心」を表現しており、「一期一会」の精神が伝わってくる。サービス係は、案内係が聞きだした情報をもとに、お客様が何を必要としているのか「個客発の立場」をとっさに判断し、すぐ実行してくれる。お客様が希望すれば、靴下の洗濯サービスも受けられるそうである。

旅館といえば、最大の楽しみはお風呂と食事であるが、伊豆稲取銀水荘では、風呂からあがると、夕方は冷たいお茶とお菓子、朝は伊豆名物の金目鯛の味噌汁が用意される。この味噌汁はたいへんおいしく、朝食前の湯上りにほっとするサービスである。食事は伊豆の山海の食材を中心に供され、一品一品の説明もほどよく、好みにあった食事を味わえる。食事も当然美味しいが、サービス係は、サービス係の接客サービスは、まさに「感動」の連続である。伊豆稲取銀水荘のサービス係は、気さくに声をかけてくれるので安心して話がはずんでしまう。ただし気さくといっても、けっして馴れ馴れしいわけではなく、絶妙の距離感を保ち、礼儀作法や敬語の使い方もまったく問題ない。

帰りには、サービス係も含めて、旅館のスタッフ全員で、車が見えなくなるまで手を振ってお客様を送り出している。このように伊豆稲取銀水荘を訪れると、伊豆稲取駅の改札を出たところから、帰りの送迎バスを降りるまでの間、全員がお客様に「心から感謝を込めた笑顔」で接してくれるので、お客様のほうも嬉しくなって「感動を倍加」して、「感謝」の意を込めた「こちらこそ、ありがとうございました、また来ます」という言葉が自然と出てしまう。

旅館に1泊すると、お客様が滞在する時間は、18〜20時間で、寝ている時間を除けば10〜12時間くらいと思うが、この間、嬉しさの連続はラグジュアリー・ホテルでは味わえない

「おもてなしの心」を堪能できる。この「エクセレント・サービス」の結果、来年も来よう、何かの記念日に再訪しようと思い、伊豆稲取銀水荘のファンになってしまうのである。

伊豆稲取銀水荘の接客サービスの原点は、お客様にとってよいことの発想が浮かんだら、できる限り実行するという精神である。たとえ難しいことでも、どうすれば実現できるか、さらによい案はないかと考えていくと毎日働くことが楽しくなるという姿勢をスタッフが持ち合わせている）この楽しい気持ちが、よいエクセレント・サービスに連なっていくものであろう。また、お客様の声を聞き、不自由な点は、即改善するように努めている姿勢がエクセレント・サービスを提供できる源泉になっている。そして「個客発の立場に立つ」サービスこそが、伊豆稲取銀水荘が評判のよい宿として評価を得ている、最大のポイントであろう。

(2) 加賀屋のおもてなし

「加賀屋」は、北陸新幹線が開業したので、比較的楽に行けるようになった。それでも東京〜金澤（かがやき利用）間、約2時間30分、金澤〜和倉温泉（サンダバード利用）間、約1時間で乗換を含めると5時間はかかる。飛行機は羽田空港〜小松空港間1時間、小松空港〜金澤間（直行バス）45分、金澤〜和倉温泉1時間で乗換を含めると3時間かかる。また羽田空港〜能登空港間1時間、能登空港〜和倉温泉（相乗りタクシー）間50分で、2時間で一番早く着くが1日2便しかない。和倉温泉に直行する電車がある大阪からでサンダーバードでも4時間はかかる。

① 加賀屋とは

「加賀屋」は、石川県能登半島和倉温泉で営業している和風の旅館である。「加賀屋」は、1906年(明治39年)に創業。1965年(昭和40年)「能登客殿」完成、1970年(昭和45年)「能登本陣」完成、1976年(昭和51年)「サンかがや」完成、1981年(昭和56年)「能登渚亭」完成、1989年(平成元年)「雪月花」完成、1997年(平成9年)サンかがや改め「茶寮の宿あえの風」を開業した。2003年(平成15年)に「能登渚亭」をリニューアル・オープンし、姉妹館として2008年(平成20年)に「虹の海」、2015年(平成27年)に「加賀屋別邸松乃碧」を営業している。

さらに、2010年(平成22年)に台湾の北投温泉で「日勝生加賀屋」の営業を開始した。また「加賀屋」のそばに「角偉三郎美術館」「ル・ミュゼ・ドアッシュ」という世界的パティシェ辻口博啓によるミュウジアムとスイーツとカフェを、さらに金沢に石川県立美術館店、金沢百番街店、富山駅きときと市場を営業している。さらに金沢では「料理旅館金沢茶屋」、レストランとして、金沢、東京有明。京都、名古屋、東京銀座、広島、博多で能登半島の幸を直送し「加賀屋旬の店」を営業している。

2007年(平成19年)3月25日午前9時42分に起きた能登半島地震では、まだ1、300人以上という大勢のお客様がいたが、1人のけがも出さず避難させた。この成果は、「お客様の命を守るのが加賀屋の使命」という「危機管理」の考え方が発揮されたものであるが、日頃からの「おもてなしの心」と加賀屋の組織力のなせる賜物であろう。

さらに驚かされたのは、「あえの風」を4月14日に、「加賀屋」を5月のゴールデンウィークの前に営業を再開させた。これは小田禎彦会長（当時）の偉大なるリーダーシップのもとに、スタッフ全員が再建に全力を注いだからであった。この間スタッフを1人もやめさせることなく、さらなる客室係の「おもてなしの心」の再教育や調理師の「技術」の「アップスケール」のために他のレストランに派遣し、再営業に供えたことは賞賛されている。

② 経営の姿勢

「プロが選ぶ日本のホテル・旅館100選」で、永年総合でトップの座にいる理由に「おもてなしの心」があるが、このために確固とした「人づくり」を生み出すのは「経営者の姿勢」である。

1. 企業力

「経営理念」の「家業の個性化」で、組織的なマネジメントをしている企業力である。

2. 挑戦力

日本一に安住せず、常に挑戦的な取り組みを行っている。

3. 人財力

「加賀屋」の根本的な思想として、「最優先は人」であると位置づけている。

4. 組織力

「加賀屋グループ」は、数多くの部門が存在するが、組織の力でマネジメントをしている。これらのパワーづくりのためには、経営者の卓越したリーダーシップが存在している。また、「おもてなしの心」づくりにも、特に人財力、組織力が重視し、女将、中女将、若女将と、各棟の副支配人、ミニ女将の組織力と家族主義とによって、客室係の「おもてなしの心」は、磨きつづけられている。さらに、働きやすい環境づくりも重視している。

③ 加賀屋の経営理念

1. 加賀屋のモットー

「加賀屋」のモットーは「笑顔で気働き」

a. サービスとは

プロとして訓練された社員が、給料を頂いてお客様の為に正確にお役にたって、お客様から「感動」と「満足感」を引き出すこと。

b. 品質方針

●正確性…当たり前のことを当たり前に

●おもてなし…お客様の立場に立って

2. 品質方針の内容

「加賀屋」は1998年2月6日、国内のホテル・旅館で第1号となるISO 9001

の認証を取得し、全社一丸となって、「おもてなし」の質を追求している。その結果、お客様から「また来るね」と言ってもらえることをスタッフの喜びとしている。

a　お客様の期待に応える

お客様のご要望に対して、万全のお応えをする姿勢でサービスを提供する。

b　正確性を追求する

お客様の望まれること（時、物、心、情報）を理解し、正しくお応えする。

c　おもてなしの心で接する

お客様の立場に立って思いやりの心で接遇する。

d　クレーム0（ゼロ）を目指す

予防と是正に心がけ、お客様からのクレームがなくなるよう継続的改善を行う。

3．創業以来培われた伝統のおもてなし

「加賀屋」に泊る方すべての方に「心より寛いでいただきたい」というのは、「加賀屋」創業時からの願いである。その1つが、お出迎えのときから、お帰りになるそのときまで、小さな「気働き」を重ねている。それが「加賀屋」の「おもてなし」の基本と考えている。

百年という「加賀屋」の歴史、代々の女将による薫陶が、社員の間で連綿と受け継がれてきた心得が、今も息づいている。「一期一会」の「感動」と「感謝」の気持ちを大事に、「加賀屋」は、お客様を心からお待ちしている。

「加賀屋」の「おもてなし」の原点は、「陰ひなたなく、笑顔で気働き」を徹底したことであるが、「現場には宝が埋っている」という精神で、社員教育は徹底した一人ひとりの現場教育を厳しく行うことと、親子以上に客室係に愛情をかけて大事にしていくことによるものである。

4．加賀屋の流儀

お客様に「ノー」と言わないその「正確性」と「おもてなし」は、まさに「加賀屋」の心であり、それを実現させるために様々な企業努力に先立って次々と展開してきた。「またくるね」とお客様に「感謝」してもらうことが、「加賀屋」の「客室係」の喜びであり誇りである。そのために、「品質方針」にのっとり、お客様が求めていることに、さりげなく応えるという「加賀屋」の「おもてなしの心」が、今日の「加賀屋」を築いている。

「加賀屋」の流儀である「笑顔で気働き」で、最高の笑顔で、さりげない「気配り」、「目配り」、「心配り」よりさらに上を目指す「気働き」によった「おもてなし」の蓄積が、お客様に「そこまでしてくれるの」という「感動」を提供し、「また来るね」と「感謝」をしてくれる。

④　旅館は明日への活力注入業

旅館を利用するお客様は、様々な悩みを抱えている。その悩みを他のどこの旅館よりも上手く解決することで「明日からも心機一転がんばろう」という活力が生まれる。「加賀屋」

には、お客様の抱えている悩み・要望を、会話の中からさりげなくキャッチし、「客室係」全員が寄って集まって解決に繋げていく風土がある。

他にない魅力を発揮し、来る必然性（sustainable differential advantage）を創造し、お客様の期待通りに自分の強み＝核となるもの（core competency）を発揮する。努力、そして継続こそが「加賀屋グループ」の強みである。

⑤　加賀屋イズム「陰日向なく」

お客様が望まれていることを直接伺うことは容易である。しかし、それでは極上の「おもてなし」を提供していることにはならない。「気を働かせ、笑顔で、お客様の一歩先をゆくおもてなし」を実践してはじめて一流と呼ばれる。

相手の立場に立って、言われる前に、さりげなく。まさに「かゆいところに手が届くサービス」こそ、「加賀屋」が永年守り抜いてきた伝統である。加賀屋グループスタッフは、陰になり日向になって、常に全力投球を目指している。重要なことは、けっして「ベスト・サービス」でなく、お客様との適度な間をおくことによって「エクセレント・サービス」を提供している源泉になっていることを学ぶべきであろう。

⑥　お客様満足度と社員満足度のシナジー（synergy：相乗効果）

1．社員満足度の向上

お客様から「感謝」を引き出す「おもてなし」を提供し、「お客様満足度（CS：

Customer Satisfaction）」を高めていくためには、社員1人ひとりが仕事に誇りを持ち、能動的に自己の役割を果たしていくことが前提となる。つまり、「CS」の向上には、「スタッフ満足度（ES：Employee Satisfaction）」の向上が不可欠となる。

2．企業内保育園と母子寮

「加賀屋」では、女性スタッフが子どもを育てながら安心して働けるよう、保育園と母子寮を備えた8階建ての専用施設カンガルーハウス内に保育園と母子寮を設けている。保育園は子どもたちがのびのびと遊べる遊戯室、砂場、ジャングルジムなどを完備。1歳児から預って、専任の保育士が世話をしている。また、放課後の小学生のために、教員経験者が常駐する学習室も併設し、スタッフの子どもたちの健やかな成長をサポートしている。

3．料理の自動搬送システム

世界初の料理自動搬送システムの導入。調理から各階のパントリーまで、自動制御で料理を運び、画期的な省力化を実現した。また、館内における多元的な会計を一括処理するため、オンライン型の大容量汎用コンピュータシステムの採用。事務効率のアップと、スピーディな会計に役立て、「ES」向上のための環境整備に取り組んでいる。

4．アメリカ研修

サービス産業の「グローバル・スタンダード」を探るため、アメリカ視察研修を実施している。アメリカの最先端のサービスを知り、「戦略」や「戦術」を探求することによって、サービス産業に従事する人間としての自己啓発を促進し、日常業務の再確認や新たなサービスの創造につなげている。

⑦ 加賀屋のおもてなしの原点

1．心のこもったおもてなし

今ではどこでも見られる、「女将」によるお部屋回りの挨拶は、この「加賀屋」で生まれた。お部屋回りは、お客様に「感謝」するという意味で、「女将」として欠かせないものであるが、お客様の満足度、感激度、感動度を肌で知る上でも、これ以上の方法はないとしている。さらに、お部屋へお伺いした雰囲気で、お客様に「加賀屋」に対する評価が分かり、その結果を客室係や調理部門にすぐに伝え、採算を度外視してもお客様にご満足をしていただくように気を配っている。

現在は、施設や部屋数も多くなって「女将」の代わりに、施設ごとに「副女将」や「副支配人」が行っている。小田孝は、お客様には「ありません」、「できません」、「わかりません」とは言わないようにして、1人ひとりのお客様と真剣勝負をするつもりで、「おもてなし」を行った。お客様のどんな無茶苦茶な要望でも、お客様の願いがかなえられた時の驚きや喜びは、何にもかえがたいものであるとしている。

「加賀屋」の「おもてなし」は、今も受け継がれ、「加賀屋」でなければ体験できない「心からのおもてなし」として、いつまでも変わらず、お客様に愛され続けられていて、常連客は「客室係」を指名するほどの「おもてなし」のレベルである。

「加賀屋」の出迎えや見送りは、テレビでもよく放映されているが、実際の場面に遭遇すると、まさに圧巻である。出迎えは、お客様はバラバラと見えるが、午後4時以降は団体のバス客を含めて、わりあい集中してくるが、出迎えと部屋への案内は、素晴らしい。また、朝の見送りは、時間的に集中するが、旅館をあげての見送りは、まさに素晴らしいの一言である。「加賀屋」は、車で着くと旅館の前まで係が出迎え、旅行ケースを運んでくれるし、帰りも旅行ケースを部屋から運び、車に積んでくれる。注意しないと気がつかないが、靴も磨いておいてくれている。一般的に「見送り」を重視しているが、「加賀屋」では両方完璧である。

2. 加賀屋のおもてなしの方法

「加賀屋」は、予約の時点でお客様の目的を把握しようとしている。最近は食事に対していろいろと注文する方も増えている。このため好き嫌いの有無、味は薄味か濃い味か、アレルギーについても、エビ、卵、そば、カニなど具体的な食材について情報を集約して、予約センターから客室係と調理部門に連絡されるシステムがある。

多分、団体のお客様でも、変更をしてくれると聞いている。お客様が「加賀屋」に到着すると、心からの出迎えと、フロントでは予約の際の食事の好みを確認してくれるので、ほっと一安心である。そして、ラウンジ飛天は、天女が舞う輪島塗の大パネルと、生の琴の演奏による出迎えは、ラグジュアリーそのものである。

最新施設のスケールの大きさや雅な雰囲気に心を奪われてしまいながら、案内係は、気取らず自然にふるまいながら、館内を説明しながら、部屋に案内をしてくれる。この間に、お客様1人ひとりの背丈や身幅をそれとなく目測して、5センチ刻みで揃えてある浴衣の中からピッタリと体に合うサイズを選んで持ってきてくれるのは嬉しい。

部屋では、「客室係」が正式に名乗り、長旅の疲れを解きほぐす一服の抹茶と季節のお菓子が振舞われ、風呂場や売店の案内をし、夕食のご案内をしてくれて、それとなくお客様の来館した目的や希望を聞く。この際、食事の内容を変更したお客様には確認され、さらに食べられないものがあれば、取り替えてくれる。

お客様が一番期待している食事は、お客様の食べるペースを見計らって料理がサービングされ、「客室係」の的を得た説明が加わるので、趣向を凝らした逸品は、美味しくいただけ、「おもてなしの心」が一杯の接客サービスは、「満足」どころか「感動を倍加」させてしまうので、お客様は「あの人がいるから、もう一度行きたい」と「感謝」される。

加賀屋の「おもてなし」のコンセプトは、「すべてお客様のため」で、「客室係の注文はお客様の声」という「哲学」があって、「客室係」のモチベーションを高めている。つまり、「客室係」は「個客発の立場に立つおもてなし」である。

重要なことは、「加賀屋」の「おもてなし」は、「客室係」の個性を生かしていることである。つまり、基本の「おもてなし」を遵守した上で、お客様との関係を人情の機微を通して接するという、いわば自分の個性を生かして「おもてなし」をするので、お客様は「感動」するばかりでなく、「感謝」をしてしまう。お客様は、担当してくれた「客室係」の名前を覚えるほどになり、再度利用する場合は、あの「接客係」の「おもてなし」を受けたいと思ってしまう。

3．おもてなしの数々

a　チャレンジの姿勢

「加賀屋」は、長期にわたって日本一の評価を得ているが、「皆で力を合わせて日本一を維持していこう」を合言葉に、チャレンジの姿勢が生まれ、そこに社員のやる気や自覚が形成され、自分たちで一生懸命考え、それを一生懸命に実践するという意欲の高い組織風土を形成している。

b　加賀屋の女将の役割

「加賀屋」の「女将の役割」は、客室係の皆さんにとって働きやすい環境づくりをすることである。1組のお客様に1人の「客席係」がどうすれば最高の「笑顔」でお客様に接することができるかという、「客室係」のモチベーションを支えることとしている。特に、「接客係」の教育は、一人ひとりについて、良いところを伸ばして褒めてあげ、公平にものを見て、やる気を出させ、「客室係」が「やらなくっちゃ」と思えるような方向性を重視している。さらに、臨機応変な「おもてなし」ができるように仕向けている。

c　直筆の手紙

「加賀屋」のアンケートを郵送すると、必ず直筆の手紙が帰ってくる。最近はサービスの良い会社でもパソコンによる手紙が多くなっているが、「加賀屋」では、手書きの手紙はお客様との重要なコミュニケーション・ツールとして位置づけており、受けたお客様は「おもてなし」を感じている。

d　お客様の情報収集

「加賀屋」では、お客様が予約を入れると、できる限りお客様の旅行目的や要望を把握するように努力し、一元管理を行っている。お客様が「加賀屋」に到着し、フロントでお客様が要望したことを確認してくれる。さらに「客室係」は、やはりお客様の要望を確認して間違いなく適えてくれる。

さらに、常連客のお客様が予約を入れると、一元管理されているお客様の情報を検索して、お客様の「おもてなし」に役立てている。また、聞くところによると、お客様によって、「客室係」を決定しているとのことである。さらに重要なことは、「客室係」の割当については、最終的に「女将」がチェックをするといったように念には念を入れている。

e　お客様の記念日のおもてなし

「加賀屋」の「個客の記念日」については、いろいろ工夫をして祝ってくれるので、また何かの記念日には、「加賀屋」へ行こうという「感動」を通り越して「感謝」をしてしまう。まさに、お客様にとっては「至福」である。「おもてなしの宿」として紹介されている旅館では、各記念日の前後7日以内というのが多いが、「加賀屋」では、遠距離でもあるし、記念日に時間がとれなく、3ケ月くらい離れていても、大歓迎してくれて、「若女将」が記念品を部屋まで届けてくれて、祝ってくれる。記念品も価値あるもので、「感謝」してしまう。

記念日の「おもてなし」としては、床の間に酒樽を飾ってくれて写真をとったり、還暦には記念の衣服を用意してくれたり、バンドの演奏をしてくれたりする。これらもお客様に提案して、押しつけがましくない「おもてなし」をしてくれる。

f　客室係はお客様の代弁者

「加賀屋」の「客室係」は、自らを「お客様の問題解決業」として位置づけている。多くのお客様は多種多様な目的で「加賀屋」を訪れているし、しかもいろいろな要望を持ち合わせている。旅館で最大の楽しみは「食事」にあるが、「加賀屋」では、まさに一人ひとりのお客様の要望を聞き、実現している。

たとえば、鶏類が食べられないとか、白身魚は苦手という人には、「おしながき」の内容を変更してくれる。さらに、最近は高年齢の方が増えており、「加賀屋」の用意している「おしながき」では料理の量が多い。「接客係」は、この要望を聞き、たとえば、煮物、焼物、蒸し物をやめた上に台物をお客様の要望が鮑なら、喜んで変更してくれるので、お客様は「感謝」される。「おしながき」に鮑がない場合には、別注料理となって追加料金を支払わなければならないが、このケースの場合は、追加料金がないのは、お客様は「感謝」が倍増し、また「加賀屋」に行きたくなる。まさに、「客室係は個客の声」の代弁者である。

g　客室係と調理係の一体化

「加賀屋」では、客室係と調理係と一体化している。「おしながき」について、お客様の要望を「客室係」が「調理係」に連絡すると、どんな難題でも「調理係」はいやな顔1つせず変更をしてくれて、お客様に喜んでもらっている。さらに、「調理係」は連泊のお客様であると、2日目の「おしながき」について、直接お客様の部屋に伺い、お客様の要望を聞いてくれている。これは「調理係」がお客様の顔を見ることで、お客様とのコミュニケーションを図れるばかりでなく、お客様も「調理係」と直接話しをしたことによって「感謝」をしてしまう。

h　到着時のおもてなし

「加賀屋」のチェックインの時間は15時であるが、東京からの場合に最短時間を選択すると、「羽田空港⇕能登空港」が最も便利である。しかし、このフライトは1日2便しかない。時間的には第1便「羽田空港08：55、能登空港09：55」、第2便「羽田空港14：50、能登空港15：50」である。

能登空港から、能登空港到着後15分で「ふるさとタクシー」が発車し、50分〜60分ので、「加賀屋」に到着する。第2便の場合は、定時運行だと17時00分の到着になってしまうので、夕食までまったく余裕がない。第1便を利用すると、11時前後に「加賀屋」に到着してしまう。そこから昼食に出かけたとしても15時にまでは時間が余ってしまう。

また到着をすると自宅から羽田空港までの時間や空港内の歩行距離などを含め、相当の疲労になるので、羽田空港で昼食を買って「加賀屋」でとりたいと思ってお願いをすると心良く引き受けてくれて、到着が11時にもかかわらず、ゆっくり過ごせるのは大変「感謝」をしてしまう。

折角、遠距離の「加賀屋」に行くので、連泊して「ゆったり」とした時間を過ごしたいと思う、お迎え、食事、見送り以外は、そっとしておいてくれるし、たまに不便がないかと気を使ってくれる。このつかずはなれずのタイミングの取りかたは絶妙で、これこそ「おもてなしの神髄」と言えよう。

i　新入社員の歓迎

「加賀屋」では、新入社員の入社日の前日に、全員宿泊させている。新入社員は心を躍らせながらも緊張感一杯で、「加賀屋」に着くと、ずらりと並んだ「客室係」に「いらっしゃいませ」と迎えてくれる。部屋に案内されると、抹茶とお菓子が振る舞われて、「加賀屋のおもてなし」に直に触れることによって、入社を喜びいつか自分もこのように「おもてなし」ができるようにと「感動」してしまう。

j　クレームについて

「加賀屋」の場合は、「クレーム」が発生したときには、直ちに解決するための組織が確立している。そして、各棟の責任者でほとんど解決して、お客様が帰るときには、不満を持たずに帰ることができる。「加賀屋」では、毎年2万通におよぶ、「アンケート」がお客様が帰宅されてから送られてくる。このアンケートは、帰宅後、お客様が時間のとれるときに書くので、結構細かいことが書かれている。「加賀屋」では、すべてコピーし、関連部門に配布して、可能なことは直ちに改善する対応が行われている。「加賀屋」では、この「アンケート」を「マネジメントのバイブル」としている。

お客様の要望も多様化し、個性化し、高度になってきている。この対応において、いろいろと難しい問題も出ている。そういう中で、1人ひとりのお客様に「感動」をしてもらう「おもてなし」がしっかりできているかということを考えれば、まさに「お客様の声は宝」であるという意識を持っている。

「アンケート」をしっかり見ながら、1つひとつのマイナス点をつぶしていく。そして改善策を「個客発の立場に立って」組み立てていけるかどうか、タテ、ヨコ、ナナメ、先月と今月、一年前と今日というように検討していく。さらに、年3回全社員を集めて、「クレームゼロ大会」を開催している。お客様からの「クレーム」を例に、引き合いに出しながら体験者に発表させている。「クレーム」の大きな原因は、「お客様の立場を考えないで、自分の仕事の段取りを優先」、「説明不足や言い訳」、「スタッフの感性不足」などがあげられていて、これらを「ゼロ」にするための大会でもある。

「加賀屋」の「クレーム応対」は、「客室係」からすぐに「副支配人」に伝えられ、すぐに解決してしまうとのことである。お客様の「クレーム」は、お客様の声という意識が高く、丁寧に応対することを心掛けていて、帰宅される前に解決しようという気持ちで応対するので、お客様は気持ち良く帰宅される。

4 国外で体験した「感動ある雰囲気・演出」

「感動あるサービス」の源泉として、「感動ある雰囲気・演出」が非常に重要な要素の1つになる。アメリカのフードビジネスでは、業態としてテイクアウト、ファーストフード、ファースト・カジュアル、カジュアル・レストラン、ディナー・レストラン、プレステイジ・レストラン、ビュッフェという分類がある。しかし、本格的なマーケティング戦略を展開するにあたっては、いまや業態を機能的（サービス方式、提供時間、客単価、利用動機、利用頻度など）に分類するだけでは、お客様のニーズ、ウォンツやシーズに適応できなくなっている。今後求められるのは、ビジネスプランの企画開発であり、お客様発の立場に立つビジネス・フォーマットを思考していくことが不可欠である。この観点からフードビジネスや専門店、百貨店を考察していくとマーケティングのキーワードで分類できる。これは第1章で紹介したエクセレント・サービスのキーワードと一致している。

次に「感動ある雰囲気・演出」の事例を紹介していくが、数年かけて何度か調査した事例のため、これらの店のなかにすでに閉店、あるいは経営者が替わり雰囲気や演出が低下しているケースもあるが、当時の雰囲気や演出から学べることも多いのでぜひ参考にしてほしい。

(1) イン・アンド・アウト　IN-N-OUT（アップスケール：質の向上）

アメリカにおいてイン・アンド・アウトは、いまをときめくファースト・カジュアルの代表的なレストランである。グルメ・バーガーを徹底的に追求して、地元では最高クラスの味と賞賛されている。アメリカのファーストフードのハンバーガー・チェーンには、マクドナルドをはじめバーガー・キング、ジャック・イン・ザ・ボックス、カールス・ジュニア、ウェンディーズなど数多くあるが、イン・アンド・アウトは、まさにアップスケールした店として評価が高い。

しかも、ファーストフードながら「オーダー・ツー・クック（注文を受けてから調理するシステム）」を採用している。メニューはハンバーガー、チーズバーガー、ダブル・ダブルの3品目とフレンチフライ（フライドポテト）というシンプルさで、どんなに長蛇の列ができていようと、短時間で商品を提供している。商品の注文から、商品を受け取るまでのオペレーションは、ショーを見ているように、見事なチームワークで清々しいし、接客サービスもホスピタリティにあふれている。

キッチンのオペレーションは、バンズのグリル、ビーフのグリル、野菜のカット、ポテトのフライ、ハンバーガー・パテの成型、サービングの6セクションに分かれ、流れ作業が美しく見えるほど整然と行われている。多くの工程にもかかわらず、商品の提供時間が3分であるから驚きに価する。この秘密は、ハンバーガー単品であること、スタッフの教育訓練が徹底していることによるものである。

イン・アンド・アウトは、ハンバーガー1本という単品主義を貫き通しているため、食材の探求に全精力が注がれている。ビーフは、カリフォルニアとフェニックスの契約牧場で飼育されたナチュラル・ビーフで、チャック（牛の首から肩の肉）の部位だけを使用するアップスケールさである。フライ用のポテトは、肥料から管理し、安全なものが使用されている。驚いたことに、ポテトは冷凍ではなく、毎日、スタッフが自店で皮をむいて準備し、お客様の注文ごとにスライスしてフライヤーで揚げている。油もオリジナルの植物性を使用するなど、どこのハンバーガー・チェーンよりも、アップスケールされている。

(2) ブエナ・パーク BUENA PARK (エンターテイメント:愉快な)

MEDIVAL TIMES(メディーバル・タイムズ)とWILD BILLS(ワイルド・ビルズ)は、アメリカのディズニーランドにほど近い、カリフォルニア州ブエナ・パークの遊園地ナッツベリーファームに隣接し、まさにテーマパークの間に位置するレストランである。

ナッツベリーファームは、農場とテーマパークで知られ、ディズニーランドにおされ気味だったので、再生のために街をあげて、レストラン・クラスターをつくりあげた。その1つがマクドナルドで、一歩足を踏み入れると、そこはテーマパークさながらの演出で、西部の開拓時代を表現している。そしてこの地域の最高傑作がメディーバル・タイムズとワイルド・ビルズである。まさにエンターテイメント・レストランそのものでディズニーランドやラスベガスのショーを彷彿とさせられる。

① メディーバル・タイムズ

メディーバル・タイムズは、ディナー&トーナメントと称しているように内容は、中世ヨーロッパをテーマにした、巨大なエンターテイメント・レストランである。大きな石造りの外観は、一見、博物館を思わせるような城をイメージしており、壁面には中世の騎士の絵が飾られている。建物内は荘厳なヨーロッパ風で、重厚な中世の歴史を思い起こさせてくれる。

待合室には、兜や鎧、中世の武器などが陳列され、その日に出演する馬たちを見学することができる。記念品売り場では中世風のカップやチェスのセット、剣やバッジなどが販売されている。城のなかに入ると、1人ずつ色分けされた紙製の王冠をかぶせてくれて、城主の伯爵と伯爵夫人が大歓迎して、一緒に写真を撮ってくれる。ショーが始まる前に、カクテルラウンジで一杯やっていると、ファンファーレがなり、本日のショーの案内があり、ゲストの興奮を高める。

入場門が開き、場内に案内されると、王冠で色分けされた客席に着く仕組みになっており、階段式の客席は、砂地を見下ろすようにレイアウトされている。再度、ファンファーレが高々に鳴り響くと、グランドパレードがはじまる。美しく着飾った近衛兵や中世の騎士たちが、スパニッシュ馬術の妙技を披露し、正面席に城主夫妻が着くと、色分けした騎士たちが紹介される。

テーブルには、空のビールジョッキが置かれているが、自分と同じ色の騎士が紹介されると、そのジョッキでテーブルをたたくというきまりがあり、自らも参加しているようで白熱してくる。続いて騎士道精神にあふれた戦いが始まる。戦いは、6人の騎士によるトーナメント形式で行われ、騎士はグリーン・ナイト、レッド・ナイトと呼び名がつけられていて、その色が領地を表している。観客は自分の色の騎士に声援を送り、応援合戦でショーはさらに盛り上がっていく。騎士たちは場内をところ狭しと駆け回り、槍の試合や乗馬の妙技を演じていく。最後のショーは、手に汗握る決闘シーンで、観客を興奮のるつぼに巻き込んでしまう。この決闘シーンが、最大の見せ場で、自分の領地の騎士に声を限りの声援を送る。勝利者が城主夫妻の祝福を受けていると、敗者のなかから再度挑戦者が現れたりする。

中世のユニフォームを着たスタッフは接客サービスにあたり、担当テーブル数が相当多いにもかかわらず、キビキビしたサービングをしてくれる。エンターテイメントの世界を存分に味わえるレストランである。

② ワイルド・ビルズ

ワイルド・ビルズは、ウエスタン・ディナー・エキストラバガンザと称している。店舗の外観は、いかにも1800年代のウエスタン調にデザインされており、古きよき時代の西部の荒涼とした町のレストランを彷彿させる。外には西部開拓時代の幌馬車やテキサスの成金が乗るようなキャデラックが置かれていて、西部劇を思い出させる。ショーが始まる前に、立ち飲みのカクテルラウンジで一杯やっていると、西部劇に出てくるバーにいるような気分になってしまう。ウエスタン・バンドの演奏も素晴らしく、西部劇ファンにとっては、いやが上にも興奮させられてしまう。シアター用の待合室の天井の装飾と優美なシャンデリアは、まさに劇場の雰囲気を醸し、壁面にはバッファローの毛皮やカウボーイの使った鞍など、さまざまなカントリー調のオブジェが掛かり、西部劇の主役だったビリー・ザ・キッドやジョン・ウエインの写真が飾られている。

シアターは、ステージを中心に放射状にテーブルが配置され、天井高は10mにおよびワイドな印象を与えている。ショーでは、ウエスタン調のダンス、ナイフ投げ、ロープの輪のダンス、二丁拳銃のショー、インディアンのダンス、インディアンの輪くぐりなどが2時間繰り広げられ、観客参加のショーも行われる。

ショーそのものが大変素晴らしく、しばし食事を忘れるほどである。食事のサービングもユニークで、1つのテーブルにたくさんのゲストが座り、その中の2人が前掛けをさせられ、スタッフが運んできた料理を容器に盛り、周囲の人にサービングする。これがまた好評で、エンターテイメント性にあふれている。

(3) イーチーズ eatZ's(エキサイティング:わくわくする、興奮する)

イーチーズは、天才的なイタリア人シェフ、フィルロマーノが作り上げた繁盛店として知られている。ダラス、アトランタ、ヒューストンなどに出店し、お客様の今日のライフスタイルに合わせ、お客様が最も要望したエキサイティングを提供する店として、おそらく全米一、評価が高い店であろう。基本的コンセプトをスーパーマーケットとレストランの間に位置づけ、家庭の食事を提供する、いわば総菜屋であり、帰宅途中の買い物の場である。しかも商品の質が高く、プロのシェフが調理した商品を提供している。この意味するところは、スーパーマーケットのホーム・ミール・リプレイスメント(家庭の食事代行)ではなく、レストランのホーム・ミール・リプレイスメントである。さらにシェフの立場を「地域のお抱えシェフ」と位置づけている。

イーチーズの人気の高さは、お客様に料理やパンなどの商品を製造しているプロセスをみせることにある。お客様が通常、みることのない大型のベーカリーオーブンやまるでホテルのような本格的なキッチンでのシェフたちの作業は、見る者を興奮させる。店内には、できたての商品が美しく陳列され、美味しそうな惣菜の数々を見ていると、ついつい衝動買いをしてしまいそうで、訪れたお客様は、エキサイティングさせられてしまう。BGMにはオペラ音楽が流れ、香りの高い商品やビジュアル的に優れた陳列は、訪れる者の五感を刺激し、興奮のるつぼに巻き込んでしまう。商品知識の豊富なスタッフは、ホスピタリティにあふれ、お客様が要望する前に試食させてくれる。さらに笑顔が素晴らしく、押しつけがましさもなく、適切な提案をしてくれる。

(4) ベニガンズ Bennigan's (カジュアル:気軽な)

「個人の家」というモチーフ(主題)でダイニングルームを部屋に見立ててあるが、オープンルーム形式の構造になっていて、温かみ、親しさ、寛ぎといった家庭ムードであって、アンティークなデコールと観葉植物とで表現している。一歩店に足を踏み入れると、まさにアメリカの家庭に招待された気分にさせられる。

メニューは、その時代のお客様の要望に合致する料理が開発されていて、いまやアメリカでの最大のテーマである「ヘルシー&グルメ」で、特にベビーブーマー向きに構成されていて、メニュー数もかなり多く、お客様の選択肢の多いのも特徴の1つとなっている。特に圧巻なのはサラダで、「ライト&ヘルシー」がナンバーワンであるほど、わざわざサラダを食べにいくほどの人気が高い。アントレーもシーフードやチキンが主力で、品質も高く価格もリーズナブルなところが人気の秘密がある。

サービスにも親しさがあふれており、お客様との会話を重視していて、ホスピタリティがいっぱいである。特にメニューの多さとバラエティに富んでいるので、何回訪れても選択にとまどってしまうが、適切なアドバイスをしてくれる。商品の注文から提供の一連のサービスや食事中の気遣いなどホスピタリティが満杯で、それでいて出過ぎず、著名なディナー・レストラン並みである。そして、カジュアル性やエンターテイナー性が充分表現されていて、まさに現代の感性にフィットするサービスの提供で、また足を運びたくなる。

(5) ミミズ・カフェ　Mimi's Cafe (アンビアンス：楽しい雰囲気)

ミミズ・カフェは、アメリカ各地にあるレストランで、ニュー・アメリカン・ヌーベル・キュイジーンの1つとして讃えられている。おそらくアメリカでも最初のコンセプトと思われる「ハイクラスのレディース」をターゲットにした店である。店のイメージは、若い女性からシニアの女性にいたるまで共通して人気の高い、「可愛らしさ」をテーマに作り上げ、フランス風の可憐な少女を連想させる愛称として、「Mimi」という店名が名づけられた。

店は花や緑に囲まれ、外観は南欧の邸宅風である。店内は、フランスの典型的なカントリー・スタイルの部屋やカジュアルでふんだんに採光が取り入れられた明るいパティオ風の部屋、本格的なフレンチ・レストランのダイニング・ルームをイメージさせる部屋などに分かれている。明るい内装は女性向きで、ピンクを基調に、たくさんの植物を飾り、家庭的な雰囲気と南欧風のムードを醸し出している。花模様の壁紙、モスグリーンの地に花柄のカーテン、籐椅子など、すべて「アンビアンス」が高く、ヨーロッパの香りを漂わせている。

女性をひきつけるコンセプトとして、ヘルシーなメニュー、アップスケールした料理、バリュー・プライス（お値打ちを感じる価格）が設定されている。ウエイトレスのユニフォームは、「Mimi」のテーマにふさわしい可愛い雰囲気で、接客サービスはホスピタリティにあふれ、まさにアンビアンスなレストランで、お客様は何度でも足を運んでしまう。

(6) ザ・スピンネーカー　The Spinnaker（アメニティ：雰囲気のよさ、快適さ）

ザ・スピンネーカーは、アメリカのサンフランシスコで有名なゴールデン・ゲイト・ブリッジを渡った対岸のリゾート地であり、高級住宅地であるサウサリートのウォーターフロントに位置している。昼はヨット、夜は対岸のサンフランシスコの夜景を楽しみながら食事ができる、海に浮かぶ店舗で、あたかも船に乗って食事をしているような景観が味わえる。総ガラス張りのダイニング・ルームは、最高の雰囲気を醸し、憧れの「アメニティ」があふれるディナー・レストランである。

この店の最大の特色は、シーフード料理で、新鮮な素材を活かした料理の味は格別である。魚介類が苦手な人のために、肉料理も提供しているが、ほとんどのお客様はヘルシーなシーフード料理を注文している。美味しい料理をますます美味しく感じさせるのが、ホスピタリティにあふれた接客サービスで、料理の種類、その特徴、調理の方法、産地などを詳しく説明してくれるので、素敵な雰囲気とあいまってアメニティを感じさせられる気持ちのよい食事が楽しめる。

(7) ファドラッカーズ FUDDRUCKERS (ヒドノミクス：愉しさ)

ファドラッカーズは、今をときめくファースト・カジュアルの代表的なレストランとして名を馳せている。マクドナルドを第一世代、ウェンディーズを第二世代とするならば、ファドラッカーズは第三世代のハンバーガー・チェーンと位置づけられている。黄色く張り出した屋根がレンガ色の壁面のアクセントになっており、店内はビストロ風の内装で、酒類が提供され、カジュアル・レストラン風の雰囲気を醸し出している。さらに新鮮さを打ち出すため、まるで肉屋やパン屋を併設しているかのように調理の工程を全部見せている。

肉屋は独自で仕入れルートを開拓し、USDAの最高品質の牛肉を解体し、挽き肉にして、成型している。パン屋は焼きたてのバンズをつくるなど、原材料からこだわった新鮮で最高の品質を追求している。商品はオーダー・ツー・クックするシステムで、パテの焼き加減まで聞いてくれるのが嬉しい。商品ができると名前が呼ばれ、お客様自身がコンディメントバーと呼ばれるところに常備されているレタスやオニオン、トマト、ザワークラウト（キャベツの漬物）、ピクルスなどを自由に選択して、好みのハンバーガーを食べられるシステムになっている。さらに美味しさを倍加させる、メルテッド・チーズやチェダー・チーズもかけ放題というサービスぶりである。接客サービスは、商品を注文してから焼き上げるまでが中心だが、応対ぶりはピカイチで、食事中でも声をかけてくれ、店の雰囲気に圧倒されるばかりでなくヒドノミクスそのものである。

(8) モートンズ　MORTON'S（デライト：歓び、感動）

モートンズは、アメリカで展開されているディナー・タイプのデライト・レストランの1つで、ハイクラスのお客様に大人気である。客席に案内されて着席すると、まずは飲み物の注文を聞き、飲み物のサービングのあとが圧巻である。ワゴンの上に、その日の料理の素材を乗せてきて、1つひとつの素材について説明がある。本来はステーキ専門店であったが、ヘルシー志向のお客様の要望に応えて、チキンや魚、ロブスターなども提供されるようになり、ステーキが主役ではなくなっている。店の雰囲気はディナー・レストランにふさわしく重厚感にあふれ、著名人が訪れることでも知られている。ワゴンの演出の見事さは、エキサイティングとデライトとヒドノミクスにあふれている。

(9) カフェ・デル・レイ Café Del Rey (エクセレント：卓越した、洗練された)

カフェ・デル・レイは、アメリカのロサンゼルス国際空港とサンタモニカの中間に位置する、世界最大規模の人工のヨット・ハーバーのマリナ・デル・レイに面しているエクセレントなディナー・レストランである。マリナ・デル・レイは、スペイン語で「王様の海」という意味で、1945年以降、市当局がバックアップして地域開発を行い、ウエスト・コースト最大のリゾート地に発展させた。マリーンブルーの海に浮かぶ白いヨット、林立する無数のマスト、その景観は、ヨットマンのみならず思わず息をのむ美しさである。

カフェ・デル・レイは、ヨット・ハーバーが一望できる立地に加え、ゆったりと食事を楽しめる雰囲気にあふれ、ハイクラスな客層によって、ゲスト自身が店の格調をより高めている。メニューが毎日全体の30％替わるので、ゲストは今日のおすすめは何かとエキサイティングし、しかもヘルシーなのにグルメに応える料理が、この店の人気の秘密であろう。

カリフォルニアの新鮮な素材を活かし、トレンドをくんだ料理は、典型的な「ニュー・アメリカン・ヌーベル・キュイジーン」である。豊富な知識を持ったスタッフが接客サービスにあたり、おすすめ料理についてもゲストの要望を聞きながら、適切なアドバイスをしてくれるので、ついつい時間を忘れ、また来たいと思わされる。

(10) ザ・サーディン・ファクトリー The Sardine Factory (エレガント:優雅な)

スタインベックで有名なカリフォルニア州モントレーのキャナリー・ロウのすぐ近くにあり、モントレー湾を一望できる好立地で、代表的なエレガントの店である。店舗の外観はボートが置いてあって、店内はいくつかの雰囲気のあるダイニング・ルームに分かれていて、キャプテンズ・ルームとかキャナリー・ロウ・ルームなどといったように、ご当地にふさわしいエレガントさがあふれている。

モントレー・ペニンスラー地域で、最も卓越したレストランとして知られている。アワビを使ったアペタイザーやスープは個性化されていて、かなり高度な調理技術が駆使されている。特にシーフード料理の素材は、そのまま生でも食べられるくらいフレッシュな品質に気が配られている。パスタ料理もシーフードとの組み合わせが抜群で、ベビーブーマーたちに喜ばれている。代表的なニュー・アメリカン・ヌーベル・キュイジーヌで全米に名が轟いている。

この地域を訪れた人は、一度は行きたいレストランで、料理の美味しさはもちろんのことであるが、その料理の味を一段も二段も引き立てている接客サービスは、個人個人のお客様の要望を知覚して心暖まるものでエレガントが満杯である。

(11) ブレナンズ Brennan's（ニュー・ラグジュアリー：新しい贅沢）

ブレナンズは、アメリカのデキシーランド・ジャズ発祥の地、ニュー・オーリンズの最も賑やかなフレンチ・クォーターのなかで19世紀南部都市の雰囲気を最も忠実に残しているエリアに位置し、ニュー・ラグジュアリーを感じさせるディナー・レストランである。ブレナンズの建物は1796年頃、画家ドガの曾祖父のために建てられたもので、後にルイジアナ銀行が使用し、19世紀の天才的チェス・プレーヤーのポール・モフィーも住んでいた由緒あるもので、中庭も大変素晴らしい。

ディナーはもちろん、ここでは何といっても朝食にチャレンジしなければ、意味がない。世界中を探しても、ここの朝食に匹敵するものは見当たらないのではないだろうか。本日の朝食メニューは10種類ほど用意されているが、ブレナンズを有名にした伝統的なブレナンズ・ブレックファーストは、値段は高いが、これぞブレナンズといわしめるものである。

料理そのものも美味しく豪華であって、サービングもホスピタリティにあふれている。なかでも最後を飾るデザートのサービングは見事で、「バナナ・フォスター」は、テーブルのそばに運ばれた豪華なワゴンの上で、バナナをフライパンで焼き、ラム酒で香りをつけ、アイスクリームと一緒にサービングされるが、拍手喝采が起きるほど心憎い演出である。朝の

2時間をかけた食事は、夢見心地で、エンターテイメント、エキサイティング、アンビアンス、ヒドノミクス、デライトのすべてを感じさせられるほどである。

(12) ロタンダ ROTANDA (プレステイジ：名声)

ロタンダは、アメリカのサンフランシスコのユニオン・スクエアーの目の前にある世界で最高のプレステイジな高級百貨店として知られるニーマン・マーカスの最上階に位置している。ニーマン・マーカスの4階建ての店内は、天井まで吹き抜けになっており、2万6千ピースからなる豪華なステンドグラスがはめ込まれている。このドームは、1909年に前身のシティ・オブ・パリスが建てられたときのもので、この建物を買収したニーマン・マーカスによって保存されたものである。

レストランの名前はロタンダと名づけられているが、「丸屋根のある円形の建物」という意味で、ドームのステンドグラスのすぐそばに位置しているため、あたかもレストランの天井のように感じられる。ブース席は、この天井をゆっくり眺められるようにレイアウトされていて、プレステイジな雰囲気を満喫できる。店内は、ゴールドとホワイト・アイボリーの色調で統一され、食器類は厳選されたシルバー類（ナイフやフォークなど）、チャイナ類（皿など）、クリスタル類（グラスなど）が用いられ、リネン類（テーブルクロスやナプキンなど）にいたるまで世界の最高級品が使用されていることは驚くに値する。

客層は、ニーマン・マーカスの上得意の常連客がほとんどで、素敵な雰囲気をさらに盛り上げている。料理はヘルシーで、繊細な盛りつけにプレステイジを感じさせている。接客サービスは、まさにエクセレント・サービスそのもので、2人1組になってサービスを受け持っており、ゲストの期待以上の接客サービスで、洗練されたホスピタリティにあふれている。あまりの心地よさに、何を食べたのか忘れるくらいのエクセレント・サービスぶりで、まさにプレステイジの世界である。

5　国外で体験した「感動あるサービス」

「感動あるサービス」については、自分がいろいろな体験をすることによって体得していくことが極めて大事であるが、それではいったいどこに行けばよいか、という話になる。筆者は、以下に紹介する事例を体験することをおすすめするが、人によっては、嘘のような話だといって信じてもらえないことがある。何ら虚飾のない本当にあった話ではあるが、これらの店も閉店やサービス・スタッフの質が低下していることもあるので、前段同様、見習うべきことを感じてほしい。

（1）アップルビー　Applebee's（アップスケール：質の向上）

アップルビーは、全米でチェーン展開しているいわゆるファミリー・レストランで、休日はもちろん、食事時間帯には行列ができるほどの繁盛店である。店名のアップル（りんご）がシンボルマークで、赤と白と緑をアクセントに使った外観は、一目でアップルビーとわかるデザインである。内装は、ティファニー・ランプと木目調で、素敵なカジュアル感を出している。店の中央には、馬蹄型のカクテルラウンジがあり、家族連れに人気がある店である。この店の特徴は、店舗の雰囲気と比較して、料理が美味しい割に手ごろで、ヘルシー感覚が一杯である。ファミリータイプのレストランでありながら、ウェイティング・バーがあり、あたかもカジュアル・レストランのようなアップスケールを感じさせる。

接客サービスが素晴らしくて、ゲストのお迎えと席への案内、ウエイトレスの挨拶、メニューの渡し方まで心配りを感じさせる。ゲストがメニューから目線をあげるとすぐテーブルに来て、注文を聞くときは床にしゃがんで、ゲストの目線より低い姿勢を保っている。メニューについて質問すると丁寧に答え、食事中もたびたび席に来て、味は好みのものか、何か不足しているものはないかを聞いてくる。デザートの注文もさらりとたずねてくるので、ついつい頼んでしまう。

店に一歩入ったときから見送りの挨拶まで、常に笑顔で、テキパキかつ丁寧で、一般のファミリータイプのレストランと比較して、はるかにアップスケールされており、まさにホスピタリティにあふれたエクセレント・サービスを感じさせる。平日のランチタイムで込み合う時間前に1人で食事に訪れると、料理が出てくるまでスタッフが話しかけて、会話が弾み、待たされている感覚がなく楽しさを味わうことができる。

(2) デザイアー・オイスター・バー Desire Oyster Bar(エンターテイメント:愉快な)

デザイアー・オイスター・バーは、ニューオーリンズのバーボン・ストリートにあって、古き良き伝統を伝える、シーフードのカジュアル・レストランのレストランである。ニューオーリンズには、オイスター・バーのレストランは数多くあるが、そのなかで最も人気が高い店で、朝11時から夜中の1時、2時まで、いつも待たされるくらい繁盛している。

ここの人気メニューは、もちろん生のオイスターであるが、ここでしか食べられないルイジアナ産は絶品である。スープはカメのスープが珍品、料理はクレオール風のシュリンプやジャンバライヤ料理、フライ物と、どれをとっても美味しい。傑作は、ポ・ボーイというサンドイッチで、これもオイスター入りに人気が集中している。生のオイスターやシュリンプが氷を敷き詰めたショーケースに、ところ狭しと陳列されている光景は圧巻である。これに加え接客サービスは、心憎いばかりで、エンターテイメントを感じさせる。

ニューオーリンズ風のメニューは見ただけでは理解できないが、忙しいにもかかわらず、メニューの説明は丁寧で、特に調理法についてはゲストがわかるまで説明してくれる。驚いたことには、ニューオーリンズ滞在中に2日続けて食事に行ったが、顔を覚えていたのか、「昨日はこれを召し上がったが、今日はこれをお奨めします」「この料理はニューオーリンズ独特で、当店の大人気ですので、是非召し上がってください」と、決しておしつけがましくなくすすめられるので、ついつい頼んでしまったが、大変美味しく「感謝」の気持ちで一杯になった。

(3) ラウリーズ　Lawry's(エキサイティング:わくわくする、興奮する)

ラウリーズは、アメリカのロサンゼルスのラ・シェネガ・ブルーバードにある有名レストランとして名を馳せている。ここは、ビバリー・ヒルズを背景に、数多くの有名なレストランが立ち並ぶレストラン通りだが、栄枯盛衰の激しい中で、ラウリーズは、長年人気を集めている。日本でも東京の恵比寿ガーデンプレースと大阪梅田に出店しているが、本場アメリカの店に行くことをおすすめする。ラウリーズは、シカゴやラスベガスにもあるが、ロサンゼルス店が最高の「エキサイティング」を感じさせられる。ここのラウリーズは、伝統的なイギリスのロースト・ビーフのレストランとして、1938年に創業。中世の英国を偲ばせる、豪華でシック、荘厳な雰囲気があふれている。メニューは、ロースト・プライム・リブ1種類だけで、「ザ・カリフォルニア・カット」、「ザ・イングリッシュ・カット」、「ザ・ラウリーズ・カット」、「ザ・ダイヤモンド・ジム・ブレーディー・カット」、「ザ・ビーフ・ボウル・カット」の5つのカットと、あとは焼き方があるだけの世界でも稀なレストランである。プライム・リブ用のビーフは2～3週間熟成した最高の品質を誇り、優れた調理技術を駆使し、岩塩で包んでじっくり焼き上げて、最高に美味しい商品をつくりあげている。また、お客様の要望によって「ロブスター&プライム・リブ」が誕生した。

笑顔の素敵なウエイトレスは、英国の大邸宅に奉公するメイドというスタイルで、接客サービスにあたっている。サラダは、ゲストの目の前で調理して提供される。このサービスは、まず氷の上に置かれた大きなボールにレタス、ビーツ、チョップド・エッグ、クルトンを入れ、ボールをぐるぐる回しながら、ラウリーズ特製のラウリーズ・シェリー・フレンチ・ドレッシングを高い位置から手をあげて注ぎ仕上げるが、ゲストは「エキサイティング」な気分になる。さらに、ベイクド・ポテトは、ウエイトレスが大きなポテトの皮をナイフで開き、そこにバター、ベーコン、ラウリーズ・シーズンド・ソルトで味つけをしてサービスされる。これらの演出の素晴らしさは、ラウリーズで、一夜を過ごすことに幸せを感じさせるほどである。プライム・リブは、コックが重厚で荘厳なワゴンでテーブルまで来て、サービングをしてくれる。このワゴンは、ラウリーズ特製で車輪まですっぽりと覆われて渋く銀色に輝いている。なかには骨つきのプライム・リブが温められていて、カットする量と好みの焼き加減を聞いて、丁寧に切り分けて皿の上に盛り付けてくれる。こういったベテランぞろいのスタッフによる、きめ細かなサービスは心地よい。まさにエキサイティングの連続で、究極のプライム・リブのレストランというより、さらに、アンビアンス、アメニティ、エンターテイメント、ヒドノミクスを感じさせるエクセレント・サービスで、まさにホスピタリティが満杯である。

ラウリーズでは、ラウリーズ・フーズが開発した、さまざまなシーズニングによる味つけで、ゲストに料理を提供しているが、テーブルに置かれたシーズニングをゲストが持ち帰ってしまうほど人気が高いので、ビン詰めにして売り出した。これらの商品の中で、シーズンド・ペッパーは、世界最高のペッパーである。ラウリーズのシーズンド・ペッパーは、肉のみならず、実は魚やパスタなどのあらゆる料理の味を引き立ててくれるという逸品である。日本にも輸入されており、豊かな食事が楽しめるので、是非使用してみることをおすすめする。

(4) クレイム・ジャンパー Claim Jumper（カジュアル：気軽な）

店名の由来は、ゴールドラッシュ時代のカリフォルニアで、見捨てられた金鉱山を再登録して金を探しあて、鉱山を再興させるということで、店全体を表現している。店の周囲には金塊を運ぶ車や、金鉱に関連した道具が置かれてていたり、店に一歩入ると水牛が飾られたり、インテリアはまさに鉱山の雰囲気がカジュアルが一杯である。

メニューの特色もテーマを生かしており、特にヒッコリーで調理したバーベキュー・リブを最も得意としている。メニュー数は他のカジュアル・レストランより少なめにして、お奨め料理を生かしている。

他のカジュアル・レストランと異なり、カクテル・ラウンジを別の部屋に設けているのも、ディナー・レストランを彷彿させる接客サービスの表れで、サラダ・バーもゲストに好評である。特に接客サービスは、ゲストのお迎えにはじまり、着席のお手伝い、メニューのサゼッション、商品の提供や説明、食事中の気くばり、皿の下げ方、デザートのプレゼンテーション、会計、お見送りなど秀逸で、まさにディナー・レストラン並みなので、ゲストの人気になっている。

(5) ポストリオ Postrio (アンビアンス：楽しい雰囲気)

ポストリオの第1号店は、アメリカのサンフランシスコのポスト・ストリートにあり、ユニオン・スクエアーから数分に位置し、予約がなければ入れないほどの人気の高い店である。ラスベガスのポストリオは、ベネチアン・ホテルの中にある。イタリアのベニスをテーマにしたそのホテルでは、内外に運河を張り巡らせ、ゴンドラにお客様を乗せ、船頭がカンツォーネを聞かせている。ホテル内のゴンドラ乗り場の近くには、ベニスで最も有名なサンマルコ広場を模した広場があり、周囲にレストランが配置されている。

このポストリオで、メインディッシュに食べたいものがなく、前菜には食べたいものがずらりと並んでいたので、前菜だけでもよいかと聞いたら「結構でございます。お客様のお望みの料理をご用意していなくて申し訳ありません」と答えが返ってきた。このことがマネジャーに伝わったらしく、マネジャーが席まで来て、「お客様のお望みの料理をご用意できなくて申し訳ありませんでした。大変恐縮ですが、お客様のお好きな料理をお聞かせいただければ、ご用意させていただきます」といわれた。つまりメニューにない料理も用意してくれるという訳である。これには、アンビアンスを感じていた上に「感動が倍加」されてしまった。

(6) ナプルズ Naples (アメニティ：雰囲気のよさ、快適さ)

ナプルスは、アメリカのカリフォルニア州アナハイムのディズニー・ダウンタウンにあるイタリアン・レストランである。このレストランは、「笑顔で、キビキビした接客サービス」でアメニティそのものを感じながら食事を楽しめる店である。店舗の外にはテラス席があり、通りすがりでも、アメニティ・サービスが感じられるほどなので、満席でもついつい寄ってしまう。

ある日ウエイターが料理を運んでいるときに、床に落としてしまった。当然、ゲストや周囲のテーブルに謝っていたが、すぐ他のスタッフも飛んできて、片付けや周辺のゲストに迷惑がかからなかったかを聞いていた。それと同時に、すぐマネジャーが来て、ゲストに謝り、即座にキッチンに飛んでいき、落とした料理の再注文を行い、最優先でクッキングしたのであろう、数分でサービングをしていた。このチームワークの良さは、周囲のゲストの好感を呼び、まさにアメニティの提供とよぶにふさわしい光景であった。

（7）ガリバーズ Gulliver's（ヒドノミクス：愉快さ）

ガリバーズは、アメリカのロサンゼルスのジョンウェイン・エアーポートのすぐ目の前にある、スイフト原作の「ガリバー旅行記」をテーマにしたレストランである。このレストランは、入り口からバー、内装、メニューのデザインからサービス・スタッフのユニフォームまで、すべて「ガリバー旅行記」がなぞらえている。しかし、けっして童話の世界ではなく、大人の、しかも豪華な雰囲気のヒドノミクスを提供している。

ガリバーズのメニューの中心はロースト・プライム・リブで、その品質の高さは前出のラウリーズと肩を並べるほどである。最近はヘルシー志向に応えた、シーフード料理も人気を高めている。料理の美味しさも評判であるが、接客サービスは、スタッフがヒドノミクスを感じさせるホスピタリティを提供していて、それだけで何度も足を運びたくなるレストランである。

あるとき、予約をしないで訪問したら結構待たされて、その間、ウエイテイング・バーで時間をつぶし、客席に案内されたときには、次の予定まで45分しかなかった。その旨をサービス・スタッフに告げると、「かしこまりました。お客様のご要望に沿うように料理をご用意させていただきます」との答えだった。通常のディナー・レストランではありえないことで心配したが、45分で前菜、メインディッシュ、デザート、コーヒーを提供してくれたのには驚いてしまった。まさにヒドノミクスを味わった。

(8) ホテル・フィア・ヤーレスツアイテン Hotel Vier Jahreszeiten (デライト:歓び、感動)

ホテル・フィア・ヤーレスツアイテンといいにくいホテルの名前であるが、ドイツのハンブルグを一度でも訪れたら、この名前を知らない人はいないだろう。ハンブルグの街中の人工湖ではあるが、市民の憩いの場として有名なアルスター湖畔にあるこのホテルは、ドイツでも最高級と評され、その接客サービスは「エクセレント」の一言で、「感動」の連続により、「感動が倍加」されてしまう。

ホテルに着くと、ドアボーイに必ず名前を聞かれるが、一度で覚えてしまう。確かに彼の個人技かもしれないが、出かけるときは「○○様、いってらっしゃいませ」、外出から帰ってくると「○○様、お帰りなさいませ」と必ず挨拶されるのには驚かされてしまった。次回もハンブルグを訪れるなら、絶対このホテルに泊まろうと思うにちがいない。

このように「感動」する大きなファクターは名前を覚えているということで、エクセレント・サービスの極意の1つであろう。日本人は顔や名前を覚えることを苦手としているが、意識的に覚えられるように研究と努力が必要である。わが国でもあるホテルに、お客様の名前を覚えているドアボーイがいると聞く。そのスタッフは約5千人の名前を覚えているそうで、お客様が帰る姿を見かけると、すぐマイクで車を呼び出し、玄関から出ると、すぐ車に乗れるという、まことに「感動」のサービスを提供している。

ホテル・フィア・ヤーレスツアイテンの素晴らしさは、これだけではない。ホテルにチェックインし、疲れているのでベッドで横になり、外出して帰ってくると、ベッド・メーキングが行われている。外出するたびに同じことが繰り返されるので、本当にデライトそのものである。どこかで見ているのかと思い、ドアボーイがメイドに知らせているのではないかと想像して聞いてみたが、メイドが気を利かせていると言っていた。

(9) ノードストローム NORDSTROM（エクセレント：卓越した、洗練された）

ノードストロームは、アメリカの百貨店の中でも、アップスケールの商品を提供しているが、特筆は接客サービスである。探しものをしていると、適切な提案を与えてくれるし、根気よく探してくれる。

ある時、アメリカのカリフォルニア州ロサンゼルスの南にある全米一のショッピング・センターのサウス・コースト・プラザ内に出店しているノードストロームで、買物をしようとしたが、目的の商品がどうしても見つからなかった。セールス・スタッフが色々とアドバイスをしてくれて、一緒になって探してくれたがないことがわかった。ところが、住まいを聞かれたので、サウス・コースト・プラザの目の前のホテルに泊まっていると答えたところ、「いつまで滞在されていますか」と聞かれた、その期限を答えたら、「それまでに探してお届けします。もし見つからない場合でも、ご連絡させていただきます」といわれた。そして、出発の前の日までに、目的の商品を届けてくれたのには驚いてしまった。

そして、「商品はお気にいりいただけましたでしょうか。もし気にいられなかったら、フロントに預けておいてください。もしお買い求めになられるなら、ご一報いただければおうかがいいたします。もし時間がなければ、支払代金はフロントにお預けください」というメモがついていた。届けてくれた商品は、目的の品だったので、お金をフロントに預けて部屋にいたら電話がかかってきて、「商品をお気にいりいただきありがとうございました。ご自宅にお帰りになって、何か問題がございましたら、ご返品いただければ代金はお返しいたします」ということであった。サウス・コースト・プラザの近隣には、他のノードストロームがないので、どこで探してきたのかたずねたところ、「お客様のためなら、どこでも探しますので、今後もご遠慮なくお申しつけください。今回は間に合ってほっとしています」との返事で、ただただ驚きと「感動」で、まさにエクセレントそのものであった。

同じ、サウス・コースト・プラザの他の有名専門店では、目的の商品がなく、道路をはさんだクリスタル・コートという別のショッピング・センターがあり、この店も出店していたので、そちらに電話をしたところ、そこにあるので、直接そちらに行ってくれということであった。そこで「明日くるから取り寄せていただけないでしょうか」とお願いしたら、「ご自分であちらの店に行ってください」と押し切られてしまった。この話は、同じ日に起きたことなので、この差の大きさは測りしれない。この結果、アメリカに行けば、必ずノードストロームには行くが、有名専門店には、足を運ぼうとは思わない。

(10) カフェ・ロデオ　Café Rodeo（エレガント：優雅な）

世界でも屈指の最高級ブランド専門店が所狭しと並んでいる、カリフォルニア州ロサンゼルスのビバリーヒルズのロデオ・ドライブの中心に位置している。ビバリー・ロデオ・ホテルが経営するレストランという雰囲気はエレガントが一杯である。

フランスのパリの高級カフェを偲ばせるレストランとして、ビバリー・ヒルズに住むセレブを楽しませている。代表的なメニューとしては、ロデオ・カリフォルニア・バーガー、オール・アメリカン・バーガーであるが、パスタ料理も評判が高く、シュリンプ入りのヌードルや伊勢海老入りのフェッチーニは抜群の味を誇っている。ヘルシー志向でサラダはもちろんのこと、スチーム・ベジタブルに人気が高い。

本格的なホテルの接客サービスで、カフェでありながら、ロデオ・ドライブに面しているオープン・カフェで、ゲストはビバリーヒルズに住んでいる方ばかりで、店の雰囲気を高めていて、心ゆくまでホスピタリティがあふれていて、まさにエレガントなサービスを感じさせ何度も足を運んでしまう。

(11) ファラーロン FARALLON(ニュー・ラグジュアリー:新しい贅沢)

ファラーロンは、アメリカのサンフランシスコのユニオン・スクエアーの目の前にあるウエスティン・セント・フランシス・ホテルのすぐ横のポスト・ストリートにあるレストランである。外観は店のロゴだけなので、気をつけないと見逃してしまうくらい目立たない。しかし、店を一歩入ると、まさに大人の雰囲気が一杯で、店の中はあたかも海の中にいるのではないか思うほどの豪華さである。

このレストランは、カリフォルニア料理の代表的な店で、1週間前には予約が必要な人気店である。ところが、ある日、予約をしないで店に行ったところ、1時間くらい待てば席を用意できるということであったので、ウェイティング・バーにいると、前菜の用意ができることと、さらに時間がかかる場合はメインディッシュも構わないという、嬉しい心配りがあった。

ファラーロンは、料理の美味しさはもちろんであるが、接客サービスにホスピタリティがあふれている。たとえば、料理の量が多いので、2人で前菜1品とメインディッシュ1品をオーダーしたら、「お二人でわけられるのでしょうか」と聞かれ、取り分けるための皿を持ってきてくれるのかと思っていたところ、1人前を2人前のスモールサイズに仕立ててくれた。何回2人で訪れても、自然にふるまってくれるので、嬉しい限りであり、アメリカに行ったら帰りには、ファラーロンに行くために、サンフランシスコに寄りたくなるほどのニュー・ラグジュアリーである。

ファラーロンでの最高の思い出は、生のオイスターを注文したときのことである。通常、オイスターは半ダース単位であるが、ファラーロン2個単位である。そこで2種類頼んだら、4個にもかかわらず、ちゃんと氷を敷き詰めた皿の上に盛ってくれた。しかも、4個しかのせられない小さな皿では前菜の価値が演出できないのか、大きい皿に盛ってサーブされた。こういった、ゲストを大事にしてくれる気持ちに「感謝」をしたし、ますますファンになってしまう。

(12) ニーン・マース Neiman Marcus（プレステイジ：名声の高い、一流の）

アメリカの大都市にある最高級のプレステイジな百貨店のニーマン・マーカスのゲストに対する接客サービスは、「感動」の連続で、次に紹介するようにエクセレント・サービスそのものである。

① 顔を覚えていること

世の男性は、通常、女性向けの商品の選択に苦労する。特に予算が決まっている場合に、高級なニーマン・マーカスの商品には手が出せず、他の店を回ってみたことがあった。しかし気にいった商品がみつからずに、ニーマン・マーカスをもう一度訪れると、「さっきもお見えになられましたね。奥様への贈り物をお探しでしょうか。どうぞお買物のお手伝いをさせていただきます」と気軽に声をかけられたら、「感動」してしまい、予算外でも買いたくなってしまうから不思議なものである。

② 根気良くサービスしてくれる

海外で口紅を買い求める場合、口紅の番号が世界共通ではないことを不思議に思う。そこで新規に購入する場合は、日本を発つ前に、口紅を紙に塗ったものを持参して、買いに行くようにしている。しかし、見つけるのには苦労するが、ニーマン・マーカスでは、こちらが納得するまで一生懸命探してくれるので「感謝」してしまう。そして、最後に「お買物の時間を取りすぎて、申し訳ございませんでした」と挨拶されるのには驚きで「感動」を覚えた。

③ 他の売場の商品でもサービスしてくれる

アメリカでも口紅を買う場合、普通の百貨店では、メーカーが違うと接客しないが、ニーマン・マーカスはけっしてそんなことはない。「○○の売場は、どこでしょうか」と聞くと、その人が案内してくれて、その上そこの担当者が他のお客様の接客をしていると、自分で接客をしてくれるので、スムーズに買物ができ「感謝」してしまう。

④「いらっしゃいませ。何かお探しでしょうか」

男性は、女性用品の売場は苦手であるが、まず商品を探すのに苦労する。「いらっしゃいませ。何かお探しでしょうか」と聞かれて、「みているだけです」と返事をすると、「どうぞ、ごゆっくりご覧ください」と言ってすぐ離れてくれる。このような場合、日本だとどうであろう。しつこくついてきて、離れようとしないのを接客サービスと心得ているのであろう。あれは声を大にして、やめてもらいたいといいたくなる。あまりしつこいと、買物を中止してしまうほどいやなものである。ところが、ニーマン・マーカスでは、本当にゆっくりと探せる。そして、いざ買おうとしてスタッフを探すと、すぐにそばに来てくれる。何と素晴らしいと感心させられ、楽しく買物ができる。

⑤ 贈り先の人を聞いてくれる

ニーマン・マーカスで、商品を選ぶのに迷っていると、「お買物のお手伝いをさせてください。奥様への贈り物でしょうか」と聞いてくれる。たとえば、ブラウスを買おうとすれば、どのような洋服が好きか、サイズや好きな色とか、どんなときに着るのかと、こと細かに妻のことをさりげなく聞いてくれ、その上、「これならいかがしょうか」と、ぴったりの選択をしてくれる。こうなると、もう信用するしかないが、これが妻にフィットするので、ただただ恐れ入る。

⑥　地図まで書いてくれる

ニーマン・マーカスで、ある商品の売り場を聞いたところ、その商品がその売り場にはなかった。普通だとその商品に似ているものをすすめられるが、ニーマン・マーカスでは、「申し訳ありございません。手前どもの店では、その商品はおいてありません。その商品なら○○の店においてあります」といって、たとえライバルにあたる店でも紹介してくれた。そして、「少々、お待ちください」といって、その店の地図を書いてくれた上に、丁寧に説明してくれたので、その足で求めていた商品が買えた。再度、さきほどの店に他の買物で立ち寄ったら、先方からこちらをみつけて、「いかがでしたか、お求めの商品はございましたか」と聞かれたのには、びっくりさせられた。

⑦　閉店していても買物をさせてくれる

あるとき、閉店時間を知らずに立ち寄ったら、閉店したばかりであった。店の中をドア越しにのぞいていたら、スタッフが近寄ってきて、ドアをあけて「閉店いたしましたが、どうぞ私がお買物のお手伝いをさせていただきます」といわれたのには、驚いた。この好意に甘え買物をしたが、本当に「感動」した。

⑧　1年前のデザインを覚えていた

1年前にネクタイを買った店に、そのときに購入したネクタイを締めて行ったら、「お客様のネクタイは、当店でお求めいただいたものですね。毎度ありがとうございます」といわれて、びっくりしてしまった。それ以来、その街を訪問すると、ニーマン・マーカスで、ネクタイを買い求めるのが楽しみになった。

第4章　エクセレント・サービスの実践

エクセレント・サービスへの道のりは、けっして平坦ではない。現に、エクセレント・サービスを提供している企業も、数々の試練を超え、成功や失敗の経験を重ねて、今日のような評価を獲得している。これからエクセレント・サービスを目指したビジネスを開始したり、現在の接客サービスのアップスケールを図ったりするためには、組織的にシステムを構築することが必要となる。そこで重要なのが、エクセレント・サービスの基本条件を確立することである。基本条件を確立するにあたっては、事例が一番理解しやすいと思われるため、本章ではレストランを中心に解説してみよう。

1　接客サービスの心構え

(1) マニュアルを超える接客サービス

真のおもてなしというのは、「個客」に「感謝」を提供することで、いわゆるマニュアルを超える接客サービスを行うことである。しかし「感謝」を提供するためには、まず接客サービスの基本ができていることが前提となる。そこで、マニュアルによって最低限の基本ルールを確立し、「個客」に「満足」を与え、次いで、マニュアルを超える接客サービス、つまり基本にプラスした接客サービスを行うことによって、一段上の「感激」や「感動」を提供することができるのである。さらに、「個客」の要望を積極的に察知するように努めるのみならず、一見、何も要望されない「個客」の心の声に耳を傾け、それを実現することによって「感謝」を提供していかなければならない。ここで大事なことは、おもてなしを強調しすぎると、過剰な接客サービスとなり、「個客」はうっとうしく感じてしまう。「個客」がおもてなしを感じるのは、さりげなくほどよい接客サービスを受けて、「心がほのぼのとする」「うん、すばらしい」「来てよかった」と感じたときなのである。

本来、おもてなしというのは、「個客」の期待に応えようとする心である。どのような状況でも「個客」が何を望んでいるかを察知し、その期待に応える接客サービスを提供しない限り「感動」は生まれない。さらに、「個客」がまったく期待していなかったミスティークを提供し、「感謝」を提供することによって、「エクセレント・サービス」が提供できるようになるのである。これには、スタッフ全員が「おもてなしの心」を持つこと、スタッフがエクセレント・サービスを続けてきた知恵や技能を集大成して全員に広めること、後輩スタッフにも着実に承継させることなどが必要となる。

（2）おもてなしの心の育て方

「おもてなしの心」を発揮するには、スタッフが全知全能を働かすことが必要である。それは思いやりの心、心づかい、親切さ、誠実さ、気働きなどをもって、「個客発の立場に立つ」行動を起こすことである。また、スタッフ自身が、自分で受けたいと考える接客サービスを提供したいという意思が重要で、これが「感謝」を生むのである。スタッフに求められるのは、明るさ、笑顔、温かさ、信頼、快適さ、安らぎ、豊かな感性や情感などで、ふだんからこれを心がけなければならない。

ここで大事なことは、「個客」がもてなされたと感じることなのであるが、それは「さりげない思いやり」の提供があって、心の奥底まで「ほのぼのと感じられた」瞬間に起きるという、きわめて微妙な心くばりで起きる現象である。そのモノサシは、「個客」が帰るときに言われる「ありがとう」に感謝の念がこもっていたときである。また接客サービスのときだけがサービスではない。家にいるときの態度、通勤時の態度、店以外での行動、他の店でサービスを受けているときの態度など、自分が生活しているすべてにおいて「他人を思いやる心」を持つことが、エクセレント・サービスへの最短の道である。

（3）感謝の気持ち

ホスピタリティは、外国で旅人を迎えることから生まれた言葉であるが、その根底に、日本の生活文化から生まれた「心からのおもてなし」を込めていく必要があることは、前述した通りである。これは家庭でゲストを迎えるような心であり、「よくお出でくださいました」という「感謝」の念が心の底に隠されている。したがって、「おもてなしの心」は、「感謝の心」が原点になければならない。

このような「感謝の心」を持つには、自分自身の心に「おもてなしの心」を宿すことである。その心が「相手の心」を豊かにし、和らげるようになる。店では、「個客」がわざわざ店に来店されたことに、「感謝」の気持ちを込めて「ようこそお出でくださいました。ありがとうございます」と迎え、帰りには、「本日のご来店、誠にありがとうございました。またのご来店をお待ちしております」とご挨拶をすることである。そして、「○○様」とお名前で呼びかけるのが最大のおもてなしとなる。つまり、「おもてなしの心」というのは、「感謝」に始まり、「感謝」で終わるのである。大事なことは、「感謝の気持ち」のベースに、「謙虚な気持ち」を持っていることである。

(4) 接客サービスの基本とミスティークの提供

接客サービスの基本は、「個客がご要望のサービスを、個客が必要とされている時に、個客が必要とされているレベルで、心から感謝を込めて提供する」ことである。この基本をベースに、「個客」が思ってもいなかったミスティークを提供することが、エクセレント・サービスになっていく。したがって、まずは、接客サービスの基本ができていて、これに、お客様の求めていることに対する問題解決能力と、「個客」を「心からおもてなし」することによってエクセレント・サービスへの道が開かれていくのである。

(5) 自己投資による経験の積み重ね

接客側が一番心がけなければならないことは、自分が「個客」だったら、どう接客してもらいたいかを考えて、明るい心で接客サービスすることである。そのためには、自分自身が他の店に行って客として、してもらいたいことが提供されるかを経験してみることである。他の店というのは、接客サービスがよいと評判の店、最高級と評されているホテルのレストランなどで、しかも自分のお金で味わうことである。これは自分への投資であって、接客サービスやおもてなしの本をどんなに読もうとも味わえない最大のテキストである。

また、海外の有名なレストランやホテルのレストランへも行ってみよう。この場合、お仕着せの旅行代理店のパック旅行ではなく、自分でスケジュールを決めホテルやレストランに行くことが、日本では味わえないホスピタリティを学ぶ機会となる。さらに、「心からのおもてなし」を学ぶには、「おもてなし」で評価の高い、日本国内の旅館、ホテル、料亭、レストランにも足を運んで、ひとりの客として体験することである。これも自分で利用施設や交通機関を予約することが大事である。

この経験というのは、何にもまして最大のテキストになる。自分の目で見て、何が特徴か、何が欠点かを見極めることである。海外でもどんどん質問をしてみることである。どこでも気軽に答えてくれるが、これがその接客サービスのよさの本質にふれる最大のチャンスである。さらに大事なことは、本に書いてあるようなミスティークを期待しないことである。どんなに評判の高い接客サービスの店でも、「個客」が黙っていては気づかれないことがままある。「アグレッシブ・ホスピタリティ」という言葉があるが、実は「個客」自身が「アグレッシブ」にならないと、店側に気づいてもらえないことが多い。

他の店を経験した上で、自社のエクセレント・サービスの目標を設定し、さらに、心がけることとしては、人は「重要視されたい」「有能視されたい」「好感を持たれたい」と考えているので、店側としては、「敬意」「感謝」「好感」をもって、「個客」を笑顔でお迎えし、さらに笑顔で接客サービスをし、笑顔でお送りする一連の接客を行うことである。エクセレント・サービスの最大の秘訣は、明るい笑顔をいっぱいにすることである。

2　接客サービスの基本的なマナー

(1) しつけ

接客サービスにおいて重要なことは、スタッフの基本的な「しつけ」ができていることである。つまり、礼儀、態度、言葉使い、身だしなみが適切にできていることである。

① 礼儀

エクセレント・サービスの要はおもてなしであるが、そのベースは礼儀正しい挨拶ができていることであり、これが最高のサービスになる。そして、その挨拶に「感謝」が込められていることが重要である。また礼儀作法の基本として、正しい態度、言葉使い、身だしなみを身につけることが求められる。

② 態度

接客サービスにおける基本的な態度は、誠実で明るく、「May I help you?（何かお手伝いすることはございませんか）」の精神を持つことである。胸を張り、背筋を伸ばした正しい姿勢、スマートな歩き方、丁寧なおじぎ、笑顔をたやさず、手や目の使い方、声の出し方が適切にできていることである。なかでもポイントは、「顔つき」である。「おもてなしの心」があふれている人の顔は、「個客」に好感が持たれる。同じ内容の説明でも、「おもてなしの心」がこもっているか否かで、「個客」の受け取り方に差が出てしまう。これには、日常的に「目はやさしく、自然な笑顔」を心掛けるようにしなければならない。

③ 言葉使い

言葉使いは、正しい言葉使い、正確な敬語が基本的にできていること、話し方は丁寧であることが必要で、だれにでもわかるやさしい言葉を使わなくてはならない。さらに、適度な速さと音量で、語尾をはっきりさせることがポイントとなる。話すときは、「個客」の目を見て、背筋はまっすぐに保つことである。また、「個客」から声をかけられたら、どのような用件であれ真剣に、最後まで聞いて、「個客」の要望には、積極的な姿勢で耳を傾けることが非常に大事である。けっして、否定してはならない。人の話を聞くときは、体を少し前に傾けて、乗り出すようにすると、全身が耳になるので好感が持たれる。

④ 身だしなみ

身だしなみは、清潔感にあふれていることはもちろんであるが、上品さがただよっていて、かつ、ひかえめであることが、「個客」に好感を持たれる秘訣である。きちんとした服装であることは当然ながら、清潔な身づくろいがポイントとなる。例えば、頭髪は清潔でフケがないか、マユゲに髪がかかっていないか、不快な口臭や体臭がしないか、指先が汚れていないかなどを毎日、こまめにチェックすることが必要である。

(2) 服装

服装は清潔に保ち、シワやシミ、臭いがなく、靴は磨かれた状態であることは、接客サービスを行う者の当然のマナーである。社内規定にしたがって、ユニフォームを着用し、汚れが目立つときは、すぐに交換しなければならない。

(3) 敬語

① 敬語の必要性

話し方教室の創始者江木武彦は、その著書『上手な話し方』で、「敬語は人間関係を調和させる」として、次のように説明している。

> 人間はみな平等です。しかし生活の場では、なんらかの差をもっています。親しいどうしと初対面とでは、当然違う関係にあります。上司と部下、客と主人、年齢の差、性別の差、身内と他人、依頼者と被依頼者など、その差を埋めることなしに同じことばで話をすると、抵抗があり、スムーズに聞いてもらえないことになります。こういった人間関係の差をなくし、調和できるためには、差を埋めるだけの敬語が必要なわけです。敬語を上手に使うことによって、どんな目上の人にも堂々と、対等に聞いてもらえる話ができるはずです。

このように敬語は、コミュニケーションのツールとして重要な要素となる。

② 敬語の教育訓練

接客サービスの言葉使いで、最も重要なことは、敬語を正しく使うことである。最近、テレビをはじめ正しい敬語を話せない人が多くなっている。これは由々しいことで、正しい敬語を使えるように厳しく教育訓練をしなければならない。さらに、スタッフが間違った敬語を使ったら、すぐに指摘して修正させることが大事である。

③　敬語の重要性

敬語の重要性については、文化審議会の「敬語の指針」で、次のように説明されており、非常に参考になるので紹介する。

> 敬語は、古代から現代に至る日本語の歴史の中で、一貫して重要な役割を担い続けている。その役割とは、人が言葉を用いて自らの意思や感情を人に伝える際に、単にその内容を表現するのではなく、相手や周囲の人と、自らとの人間関係・社会関係についての気持ちの在り方を表現するというものである。気持ちの在り方とは、例えば、立場や役割の違い、年齢や経験の違いなどに基づく「敬い」や「へりくだり」などの気持ちである。同時に、敬語は、言葉を用いるその場の状況について人の気持ちを表現する言語表現としても、重要な役割を担っている。例えば、公的な場での改まった気持ちと、私的な場でのくつろいだ気持ちとを人は区別する。敬語はそうした気持ちを表現する役割も担う。このように敬語は、言葉を用いる人の、相手や周囲の人やその場の状況についての気持ちを表現する言語表現として、重要な役割を果たす。

④　敬語の役割

敬語は、一般的に聞き手や話題にのぼっていることに対する「話し手の敬意やへりくだり」で、「お互いの立場を尊重し、円滑に意思を伝えるコミュニケーション・ツール」としての大切な役割がある。

1. 敬語は、尊敬の気持ちを表す

敬語は、年長者や経験豊かな人、自分に恩恵を与えてくれる人、また、あこがれの人などに対して、尊敬の気持ちを込めて使われる。後輩が先輩に、生徒が先生に、部下が上司に、サービスを提供する側が「個客」に話しかけるときは、尊敬の念を表現することが求められる。

2. 敬語は、相手と適度な距離を保つ

敬語は、適切な距離を保ち、相手の立場を尊重するはたらきがある。家族や友達とは、普通、敬語を使わずに話す。これは、心理的な距離が近いからである。一方、仕事上でつきあう人とは、心理的な距離はそれほど近くない。そこで、敬語を使って距離をおく。逆に、敬語を使わないと、相手は「なれなれしい」「失礼だ」と感じてしまう。ビジネスの敬語に限っていえば、「お互いを尊敬しあう」ということよりも、この「相手と適度な距離を保ち合う」という意味合いが大部分を占めている。

3．敬語は、その人の価値を表す

丁寧な言葉使いからは、品位が感じられる。社会人として、きちんとした言葉使いができていないと、それだけで、自分の価値を落としてしまうことがある。

4．敬語は、社会の公用語

敬語には、いくつかの型がある。決まった型なので、覚えるのは簡単である。敬語を使わないで、尊敬の気持ちを表現し、相手と距離を保つこともできる。しかし、そのような表現は、人によってとらえ方が違い、使いこなすために相当な努力やセンスが必要になる。そこで、敬語なら、誰でも知っている型であるから、間違いなく相手に意図を伝えることができるのである。

⑤　敬語の種類

従来、敬語は3種類であったが、「敬語の指針」では、5種類に分類され、その区別は次頁の通りである。ここでのポイントは、まず教える側がきちんと説明できるように、敬語の種類とその意味についてマスターすることである。なぜなら、小さい頃から言葉の悪い習慣が身についてしまっている人に、正しい敬語を教えることは至難の業に近いので、教える側が新しい5種類の意味や違いを理解しておかないと、十分な教育訓練を行うことができない。

5種類		3種類
尊敬語	「いらっしゃる、おっしゃる」型	尊敬語
謙譲語Ⅰ	「伺う、申し上げる」型	謙譲語
謙譲語Ⅱ（丁重語）	「参る、申す」型	
丁寧語	「です、ます」型	丁寧語
美化語	「お酒、お料理」型	

⑥ 敬語の意味

敬語は、日常生活から相手によって正しく使いわけることができなければ、到底エクセレント・サービスを提供することはできない。正しい敬語が使われていない会話には違和感があるので、徹底的に教育訓練によって身につけさせる必要がある。そのためには、敬語の意味を知ってもらうことから始めなければならない。

1．尊敬語

もっとも敬語らしい敬語である「尊敬語」は、相手や相手側の行為やものごと、状態につけて、相手を敬い、相手を高めたいい回しをする言葉である。

2．謙譲語

「謙譲語」は、自分や自分側の行為やものごとにつけて、へりくだり、自分を低めることによって、相手を高める言葉である。「尊敬語」が、敬意の対象となる人の動作に使う言葉に対して、「謙譲語」は、敬意の対象に向かって行う動作に使う言葉である。「尊敬語」と間違って使ってしまうことが多いのも、この「謙譲語」である。

3．丁重語

「丁重語」は、その場にいる聞き手に対して敬意を表す言葉である。つまり、自分の動作に使う言葉である。「謙譲語」も自分の動作に使うが、「謙譲語」が話題の登場人物に対する敬意であるのに対して、「丁重語」は、話している人が、聞いている相手へ直接、敬意を表すものである。普通、「丁寧語」(です、ます、ございます)とセットで使われる。

4．丁寧語

「丁寧語」は、「相手に対する話し手の直接の敬意を表現する」言葉であって、いい回しを丁寧にして、話を聞いている相手への敬意を表している。例えば、「です」「ます」の類である。

5．美化語

「美化語」は、ものごとを美化するために使用する、上品な言葉である。他の敬語とは、ややタイプが異なる。誰かへの敬意を表すものではなく、言葉使いを上品にして、敬語部分とのバランスを取るものである。

⑦　敬語を磨く日常会話

日常の会話から、留意すべき点を次に列挙する。

●敬語は、敬語として意識するから難しくなるが、日常の言葉から誤りはないかチェックすること。

●そもそも言葉使いは、「使い方」や「しゃべり方」によって異なる印象を与えることに留意すること。

●エクセレント・サービスの基本は、「おもてなしの心」の発揚であるから、「個客」との会話は、「心でお聞きし、心でお話しする」こと。

●お客様によって、その「個客」に合った言葉で話しかけること。

●原則、否定語は使わないこと。

●マニュアルの棒読みで、抑揚もなく心もない会話をしないこと。

(4)笑　顔

おもてなしの基本中の基本は、笑顔である。わが国の多くの人は、日常の生活で無表情な顔やおっかない顔をしているが、これが一番の間違いのもとである。普段から「心やさしく」を心がけると、自然と笑顔が生まれてくる。つまり、明るく健康的な笑顔は、自分自身だけでなくまわりのスタッフにもハッピーな雰囲気をつくれる。これが「個客」にも「感謝」を提供できる源泉になる。日常の生活において、心がやさしくなれば、自然と優しい表情になる。とくに「目が優しく」なり、自然と「目で笑う」ようになる。これは、本人の意識も大事であるが、スタッフ同士でお互いにチェックし合うことも大事である。

さらに、スタッフのベスト・スマイルの写真をとっておいて、鏡を見てセルフチェックをさせることが大事である。さらに、日常の生活で楽しいことを思い浮かべる習慣をつけさせると、自然と笑顔がうかんでくる。スタッフ自身も笑顔でいると気分が高揚し、「おもてなしの心」が湧き出て、「個客」が安心を感じるようになっていくのである。

(5) アイコンタクト

笑顔ができたら、「個客」との会話では必ず「個客」の目を見て行うことである。これを「アイコンタクト」というが、「目は心の鏡（人の心は、その目つきに表れる）」とか「目も口ほどに物をいう（言葉で言わなくても、目つきで気持ちを相手に知らせることができる）」といわれるように、目はコミュニケーションの重要なツールとして機能する。

「スマイル&コンタクト」といわれるように、笑顔と目をセットにして、「個客」ばかりでなく、スタッフ同士の会話においても「心」を込めればおもてなしを実現できるようになるのである。しかし、「個客」からクレームを受けたときは、笑顔で対応すると馬鹿にされたと思われるので笑顔は禁じられるが、「アイコンタクト」は欠かせない。「個客」がクレームを述べているときに、「アイコンタクト」がないと、「個客」はクレームを真剣に聞いていないと思い、余計に叱られてしまった経験をお持ちではないだろうか。

(6) ご挨拶

どんな店でも、「個客」への挨拶は、日常的に行われている。しかし、挨拶で与える印象が、その店の評価に直結していることに案外頓着していないように見受けられる。挨拶こそ、エクセレント・サービスの重要な基本条件である。挨拶は、同じ言葉であっても、「個客」のパーソナリティや夫婦づれ、親子づれ、友達同士など「個客」の組合せによって、声のトーンや微笑みを変えなくてはならない。さらに、挨拶の際に「〇〇様、おはようございます」というように、名前を呼びかけることが、おもてなしの基本となる。

① 礼に始まり、礼に終わる

どこの店でも「いらっしゃいませ」「ありがとうございました」はいえるが、心がこもっていないことが多い。これはマニュアルをなぞっただけに過ぎない。「礼に始まり、礼に終わる」というように、わが国では「礼」を大切にする慣習がある。「礼」によって、相手に敬意を払ったり、自らの気持ちを引き締め、自分を高めたりすることによって、よりいっそう温かみや潤いが引き立つのである。「礼」のある挨拶は、相手のことを思う心があるので、相手にそれが以心伝心し、心地良く受け止めてもらえるものである。すなわち、挨拶をするときは、相手を大切な人と思うように接すれば、自ずと「礼」が生まれるものである。

挨拶の基本は、「おはようございます。いらっしゃいませ」「こんにちは。いらっしゃいませ」「こんばんは。いらっしゃいませ」という時間帯に合わせた挨拶をすることである。ただし、この場合でも、心を込めないと何にもならない。心がこもっていたかどうかは、「個客」が「おはようございます」「こんにちは」「こんばんは」と挨拶を返してくれるかどうかである。日本人は返事をしないか、下手な人もいるので、百人が百人応えてくれるかどうかは定かでないが、この挨拶を続けることによって、「個客」とのコミュニケーションがスムーズになってくる。

② 上手な挨拶は感謝の念から

挨拶で、最も大事なことは、その店で働くスタッフ全員が、来店した「個客」に対し、「多くの店から、わが店を選んでくださって、本当にありがとうございます」という「感謝の心」を持つことである。「感謝」の気持ちがあると、店の中が自然と明るい「態度」になり、全員がこのような態度であったならチームワークができ、店全体に自然と活気があふれ、その空気は「個客」がお店に一歩入ったら敏感に感じられるであろう。

また、仕事中であっても、仕事の手をいったん止めて、「個客」の方を向かなければならない。よくみられる光景であるが、スタッフのだれかが「個客」に挨拶すると、他のスタッフ全員も同じ挨拶の言葉を口にしているが、ほとんど「個客」の方を向かないで挨拶の言葉を発している。これは怒鳴っているのと同じで、挨拶にはほど遠い。感謝の気持ちを持っていれば、「個客」のほうを向いて、自然に心のこもった「ありがとうございます」になる。

③　ルールを守ること

店のルールは、スタッフ全員が守らなければならない。1人でも、ルールを守らないと、チームワークが乱れてしまう。「個客」はチームワークのない店を敏感に感じとるものである。スタッフ全員がルールを守り、チームワークがとれている店こそ、「個客」が心から寄りたい店となる。

④　社内での挨拶

「個客」への挨拶がきちんとできるためには、店内でスタッフ同士の挨拶がきちんとできていることがベースになる。挨拶は、一般的には目下の人から先にするのが原則であるが、目下の人が仕事をしている所に目上の人が近寄ったら、目上の人からでも大きな声で「おはようございます」と挨拶をすれば、いっぺんに職場が明るくなる。目下の人から先に挨拶をされたら、目上の人は元気に「おはようございます」と答えることである。会社や店での挨拶で案外欠けているのが、目下の人の挨拶に対して目上の人の返事が下手なことである。

(7) お待たせしないサービス

忘れられがちなことであるが、接客サービスの基本として、重要なことのひとつが、「絶対に個客をお待たせしない」ことである。待たされるということは、たとえ3分でも、倍以上の時間に感じた経験が誰しもあるのではないか。それなのに自分が接客サービス側になると、平気で待たせてしまう。しかし、レストランで満席の場合は、どうしてもお待たせしなければならなくなる。待ってでも利用してくれる「個客」には、本当に感謝しなければならない。丁重なサービスを提供するのはもちろん、待ち時間の間も、「個客」にちょくちょく声をかけることである。

(8) マナーの心構え

おもてなしの基盤は、接客サービスを提供する人の日頃のマナーができていることである。つまり、自分が生活しているすべてにおいて「他人を思いやる心」を持つことが、エクセレント・サービスへの道である。

例えば、あなたは次のような経験をしたことはないだろうか。

- 朝起きたときに、家の人に「おはよう」を言っていますか。
- 夜寝るときに、「おやすみなさい」と言っていますか。
- 食事のときに、「いただきます」「ごちそうさま」を言っていますか。
- 家を出るときに、「いってきます」、帰ったときに、「ただいま」と言っていますか。

- 人にぶつかったときに、自分が悪くなくても、「ごめんなさい」と言っていますか。
- 人がふれたりして「失礼」と言われたときに、「いいえ」と言っていますか。
- 会社で部下をみくびった態度をとっていませんか。
- 同僚や上司の悪口ばかり言っていませんか。
- 店を利用したときに、「いらっしゃいませ」といわれたら、挨拶をかえしていますか。
- 店で「ありがとうございます」といわれて、「ありがとう」と挨拶をしていますか。

3 電話の応対

(1) 電話の上手な応対方法

電話は、相手が見えないからといって、いいかげんな姿勢で受け答えしていると、案外相手に伝わってしまうものである。また、電話の「かけ方」「受け方」によって、相手の印象が良くもなれば、悪くもなるので、上手な応対方法を身につけなくてはならない。電話の応対は多くの文献などで紹介されているので、ここでは、重要なポイントについて解説する。

① 電話応対の心構え

電話は、相手の顔や表情は見えないし、相手の状態もわからない。それだけに、最も高度な接客技術の一つとして認識しなければならない。「個客」は、電話に出た際の良し悪しで、その店を判断する。したがって、直接相手と「顔を合わせた気持ち」で応対することが大事である。つまり、店のイメージを伝える「姿なき使者」として、好印象を与える電話応対を心がけることが必要である。

② 電話の短所

電話には次のような短所があることを認識しておくこと。

●表情が見えず、言葉だけであるため、誤解が生じやすい
●通話中はかからず、途中で切れることがある
●聞き間違いが生じやすい
●周囲の雑音などが相手に聞こえてしまう

③ 電話応対のポイント

●正しい姿勢で、応対すること
●正しい発音、発声、話す速さ、間のとり方、音量、敬語に気をつけること
●普段の話し方よりも、意識的に1オクターブくらい高い声で応対すること
●「個客」からの質問やクレームは、適切に対応すること

(2) 上手な電話の受け方

電話の受けるときは、次のような点に留意すること。

① クレームの場合

●電話でのクレーム対応は、対応する責任者、代理、ベテランというように担当組織で決めておくこと

●クレーム担当は、常に所在を明らかにし、すぐ連絡できるようにしておくこと

② 相手を怒らせない電話マナー

●呼び出し音が鳴ったら、すぐに出ること。原則は1回、遅くとも3回まで。3回以上になったときは、必ず「大変お待たせいたしました」をいうこと

●電話で話すときには、「面と向かっている」ときと同じような「態度」で対応すること。例えば、「おはようございます」と挨拶するときは、実際に頭を下げなくても、下げた気持ちで、挨拶をすれば、その誠意は伝わる

●受話器は、利き手の反対の手でとること。利き手は、メモをとるために空けておくこと。電話機の横には、メモと筆記用具を用意しておくこと

●電話を受けるときは、必ずメモを取り、必要に応じて間違いがないか復唱すること。復唱が終わったら、必ず「○○が承りました」と最後につけ加えること

●「個客」からの電話は、相手が電話を切るまで待つこと

●電話の応対は、どんな内容でも丁重に答えること。返事に困るときでも、あいまいに答えないで、できることとできないことを明確に伝えること。即答できないときは、必ず返答する旨を約束すること

●相手が名前を名乗らないとき、あるいは会社の名前しか言わないときも必ず聞くこと

●「もしもし」は不要

●内線の切り替えミスなどで、電話が切れてしまったときは、すぐにかけ直し心からお詫びすること

●担当者が留守の場合、用件は正確に聞いておくこと。受けた人は、日時、曜日、名前を必ず明記しておくこと

●担当者不在の際に、「こちらからおかけします」というのはよいが、度々かかってくる人の電話番号は聞かないこと。判断がつきにくいときは、「電話番号を存じていると思いますが、念のためお聞かせください」などということ

(3) 上手な電話のかけ方

① 電話のかけ方の心構え

電話のかけるときは、次のような点に留意すること。

●相手が忙しいことを想定して、テキパキと用件を伝え、短時間に済ませること

●携帯電話にかけるときは、「いま、お話してもよろしいでしょうか」と必ず確認すること
●電話で話しをするときは、心軽やかに、また爽やかに
●丁寧過ぎないこと。バカ丁寧だと、相手はイライラする
●相手の立場を考えること。相手を優先し、話を途中で折らないこと得をする電話のかけ方

②

●ダイアル前に、話す用件を「5W1H」で整理しておくこと
「what：何を」、「who：誰に」、「when：いつ」、「where：どこに」、「why：なぜ」、「how：どのように」
●複数の用件があるときは、もれがないか確認すること
●用件を伝えた結果は、必ず記録しておくこと
●相手の始業・終業・休憩時間に気をつけること
●相手の社名が聞きとりにくいときは、確認すること。社名を確認したら、自社名と氏名を名乗ること。次いで呼び出したい、相手の部署、氏名を告げること
●電話をかけたときは、最初と最後の挨拶が重要であるが、特に最後が「決め手」となる
「どうぞよろしくお願いいたします」
「お忙しいところ、大変ありがとうございました」

「大変失礼いたしました」
「ではお目にかかりましたときに、詳しいことをご説明させていただきます」
「では明朝お伺いさせていただきます」
「では、またの機会によろしくお願い申し上げます」

4 ご来店からお見送りまで

どのようなビジネスにおいても、「ご来店からお見送りまで」の一連のサービスは、オペレーションとして行われるものであるが、ここでスカンジナビア航空（SAS）の逸話を紹介しよう。同社の経営を立て直した元社長ヤン・カールソンが、「真実の瞬間（Moments of Truth）」という言葉で接客サービスを表現したのは有名な話である。

ヤン・カールソンによれば、サービスを提供するスタッフの最初の接客時間はわずか15秒ほどであるが、その瞬間がお客様にSASを印象づける「決定的瞬間」であり、「お客様との一瞬を大切にしていかなければ、お客様から選ばれる航空会社になれない」と提唱した。そこで、「お客様への感謝」をスローガンとしたサービス戦略を確立して、みごと経営危機を脱し、会社を甦らせたのであった。日本ではSASの路線は少ないので、あまり搭乗する機会がないが、帝国ホテルの藤居寛が「100－1＝0」という言葉で表現しているが、まさに地でいった考え方である。

たとえば、レストランの場合、予約、お迎え、ご案内、メニューの渡し方、注文のうけたまわり方、サービングの方法、料理の説明の仕方、食事中のサービス、お皿の下げ方、デザートのすすめ方、会計の方法、お見送りという順序でオペレーションを行うのが普通である。レストランにおける接客サービスは、お客様とこのすべての接点で「真実の瞬間」があり、ここに連続したおもてなしが存在しなくてはならず、どれか1つでも欠けたなら、お客様は「感謝」されない。レストランの場合は、それぞれの段階でお客様が納得することと、この間、お客様が素晴らしいと感じることによって「感謝」を生み、それがアップスケールされることによってエクセレント・サービスを感じてもらえるのである。

(1) 電話での予約

予約はおもてなしの始まりである。電話で予約を受けるのは非常に重要な仕事であり、店側としてはスタッフまかせではなく、ストア・マネジャーもしくはフロア・マネジャーが対応することが望まれる。旅館やホテルの場合は、専任の予約係が必要である。

予約の際に確認しておくべきことは、「個客」の名前、日時、人数と構成、同席者、予算、希望のメニュー、連絡先である。さらに、個人での利用か、接待なのかを聞く必要がある。利用目的もできる限り聞いて、目的にそった準備を心掛けることである。ただし、プライバシーへの配慮を忘れてはならない。個人の場合、結婚記念日、誕生日祝い、進学や就職祝いなどによって対応を考えておく必要がある。接待の場合、必ず接待側、接待先の両方の会社の名前を聞いておかなければならない。案外、接待先が接待側より先に到着し、予約名が会社なのか個人なのかわからなくて、戸惑う場面が見られ、これではすでにおもてなしに欠けている。

同席者が著名人の場合、「個客」情報を検索して、その情報をもとに専用カードをつくり、「個客」への敬意を込めて、そのカードを予約席に置いたり、イニシャル入りのナプキンを用意したりするなど特別の配慮を行うと、「感謝」を生み出すきっかけとなる。接待利用の多いレストランで注意しなければならないのは、同じ日の同じ時間帯に、同業の会社の予約を受けた場合、離れた席を用意するよう心掛けることである。

また、食事の始まる時間だけではなく、終わりの時間を聞いておくことも大事である。なぜなら、その時間に合わせたメニュー構成を提案しないと、すべての料理を出し終える前に、「個客」は席を立たなければならないかもしれない。そのような対応の店をお客様は二度と利用したいとは思わないであろう。さらに、「個客」の好みのメニューや食べられないものを聞いておくことが必要である。外国の方によっては、宗教上の制限があるので、その内容を聞いておかなければならない。

一度、利用があった「個客」の記録はデータ化し、二度目以降の予約を受けた場合、前回の利用内容をすぐ表示できれば、「おはようございます。○○様、昨年はご利用いただきましてありがとうございました」と挨拶することができ、「個客」は「常連客」としての認識を嬉しく思うであろう。

(2) 予約の確認

予約の「個客」に、予約日の2〜3日前に、店側から日付、時間、人数、メニューなどの変更がないかどうかを確認することによって、「個客」とのコミュニケーションと信頼関係が深まる。大事なことは、いかに「個客」とのコミュニケーションの機会を増やすかということである。予約をいただいたからといって、当日まで放置しておくのは店側の怠慢といってもよく、コミュニケーションの機会を放棄していることを認識しなければならない。

(3) サービスの5大基本用語

① 基本用語とは

接客サービスの基本用語は、誰もが素直に、また適切に使えるようにしておかなければならない。接客サービスは、すべて基本が大事で、まず基本用語が正しく使えることが出発点なので、これを徹底し、その後使われる応用応対を徹底させ、習慣化できるまで、教育訓練を行わなければならない。

左記に示した用語は一例であるが、これは企業によって基本用語が6つあれば「6大基本用語」、8つあれば「8大基本用語」とすればよい。大事なことは基本用語が確立されたら、それを徹底することである。

サービスの5大基本用語

①	ご来店の「個客」には	おはようございます。いらっしゃいませ。(昼は「こんにちは」、夜は「こんばんは」を先につけること)
②	「個客」へのご返事には	はい！(必要に応じて「かしこまりました」をつけること)
③	お待ちいただくときには(「個客」の前から離れるときには)	少々お待ちくださいませ(ありがとうございます)
④	商品をサービングするとき	こちらが○○でございます
⑤	お帰りの「個客」には	○○様ありがとうございました。またのご利用をお待ち申しあげます。

② スタッフ同士の会話

スタッフ同士の会話だと思って油断していると、実は「個客」の耳に届いているので、常に「個客を意識した話し方」をしなければならない。仲間内の会話は、つい早口になったり、荒くなったりしがちなので、十分気をつけなくてはならない。

・私語は絶対してはならない。「個客」から見て、一番みっともない。
・同僚の名前は、必ず「○○さん」と呼ぶこと。
・流行語とか「うそ」、「本当」、「まじ」というような言葉は使用しないこと。
・仕事の連絡は、必ずその人の所に行って、小さな声で話すこと。
・「個客」の頭越しに絶対しゃべらないこと。
・「個客」についての引き継ぎは、正確に行うこと。
・「個客」に応対中のスタッフには、絶対話しかけないこと。

(4) お迎え

店で「個客」を迎える第一歩が「お迎え」である。東京ディズニーリゾートでは、入口で「おはようございます。行っていらっしゃい」と声を掛けられるが、「個客」はついつい「おはようございます。行ってきます」と返事をしてしまう。これが、「個客」を「お迎え」するポイントになっている。なぜなら、一般的には「個客」が店に一歩足を踏み入れると、店側は「いらっしゃいませ」と挨拶をするが、これでは「個客」は返事のしようがない。「個客」が店を訪れたときに、店側から「おはようございます。今日はいいお天気ですね」

と挨拶をしたならば、「個客」は「おはようございます。本当にいい天気になりましたね」と答えるようになる。「個客」が声を出してくれれば、店側も話しかけやすくなり、「個客」とのコミュニケーションが成立し、その後の接客サービスがスムーズになり、「個客」は気持ち良く店を利用されるであろう。

店と「個客」の最初の接点は「お迎え」である。レストランの接客サービスは、「個客のお迎えからお見送り」まですべてが、「感動」の連続でなければエクセレント・サービスにならないが、最初の接点である「お迎え」で失敗すると、その後どんなに素晴らしい接客サービスを提供しようとも、「感動」どころか不満足に終わってしまうことが多い。

たとえば、「個客」が予約をしていた場合に、店側が日時を間違ったり、客席が用意できていなかったりするようなことがたまたまあったら、「個客」は何のための予約かと、店に対して不信感しか湧かない。このような場合、その日は利用しても二度と利用しないばかりか、友人に話してしまい、友人までも利用しなくなってしまう。「お迎え」というのはそれくらい重要で、ここでの店側の不注意は、取り返しがつかない。まれに「個客はご予約いただいておりますでしょうか」という言葉を聞くことがあるが、これは最低の言葉である。「予約した○○です」と言われたら、「こんにちは、いらっしゃいませ。○○様お待ちいたしておりました。ご予約をいただきましてありがとうございます。お席にご案内させていただきます」といった「お迎え」をすることが最大のポイントである。

予約のない「個客」をお迎えする場合は、「こんにちは、いらっしゃいませ」、「ようこそ○○へ」とお迎えし、「何名様でいらっしゃいますか」とお聞きする。明らかに人数がわかるにもかかわらず、「○名様でしょうか」とお聞きするのは、あまり感心することではなく、エクセレント・サービスにつながらない。こういった場合は「○名様ですね」とお聞きすることである。

また、満席の場合は、「誠に申し訳ございませんが、ただいまお席がふさがっております。少々お待ちいただけますでしょうか」とたずねる。もし「どのくらい待つの?」と聞かれた場合、「大変恐縮ですが、○分くらいお待ちいただくと思いますが」と答え、待っていただける場合は、「お名前をちょうだいできますか」などといって、名前・人数・禁煙席希望の有無などを確認し、レセプション・ノートに記入する。そして、「大変申し訳ございませんが、こちらの席でお待ちいただけますでしょうか」と待合席へ案内する。

(5) ご案内

「個客」を席にご案内をするときは、「個客」の2〜3歩前を歩き、「個客」の歩調に合わせる。特に高齢の「個客」はゆっくりと歩かれるので、体をやや斜めにして、足元を確認しながら案内することが必要である。また、「個客」の好みの席を聞き、できるだけ要望にそうようにしなければならない。もし要望にそえない場合は、要望に近い客席に案内して、

「あいにくお客様のご希望のお席は、ただいま満席でございますが、こちらではいかがでしょうか」と案内することである。店側が勝手に客席に案内した席を「個客」が気に入らない場合は、「二度とこの店に来るか」と思われてしまい、エクセレント・サービスどころかバッド・サービスになってしまう。はじめに希望を聞けば、そえない場合でも、要望に近ければ「個客」は納得されることが多い。

「個客」が着席される場合は、イスを引き「個客」の着席を手伝う。お子様づれの「個客」には、「お子様用のイスをご用意いたしましょうか」と聞くこと。この場合、けっして押しつけないこと。なぜなら、子どもでも、一人前の接客サービスを受けさせたいと思っている場合があることは、認識しておく必要がある。

「個客」が着席したら、「ただいまこのテーブルの担当がまいりますので、少々お待ちくださいませ」とサービス・スタッフがくることを説明してから席を離れること。できれば、案内係がテーブルを離れるときに、サービス・スタッフがテーブルにいること。できない場合は、あまり待たせないこと。サービス・スタッフは、「ようこそいらっしゃいませ。私が本日担当させていただきます○○です」と笑顔で丁寧に頭をさげて挨拶すること。サービス・スタッフの一番肝心な場面は、ここから始まるので丁寧な応対で「個客」に安心感をもたらすことがポイントとなる。

(6) メニューの渡し方

メニューは、「個客」が完全に着席されてからお渡しすること。最初からテーブルに、置いておくのは、接客サービスの省略であり、みずから一流でないことを表現しているようなものである。メニューをお渡しする場合は、必ず1人ひとりに丁寧に渡すこと。メニュー表が、何種類かあるときは、「こちらがお料理のメニューで、こちらがお飲物のメニューでございます」などと言葉をそえることである。

それから、メニューの構成、おすすめ料理について簡潔に説明をすることが大事である。「個客」から質問があったときには、「個客」の知識度を推察して答えなければならない。つまり、あまり知識がないと思われる人には丁寧に、知識があると思われる人にはポイントを絞って説明することである。詳しい内容を聞いたところ、スタッフが「確認してまいります」といって、すぐに説明できないのは、もってのほかである。

(7) 注文のうけたまわり方

注文を受ける前に、水やおしぼりをサービスするが、洋食だから水、日本食だからお茶と決めつける必要はない。日本食でも真夏に外を歩いてきた「個客」は、冷たいお茶や水を欲しているかもしれないので、形式にこだわらず提供することがエクセレント・サービスにつながる。また食事の注文前に、飲み物の注文を受ける店が多いが、冷たいビールを飲みたいと思っている「個客」にとって、着席と同時に、いきなりグラスに水を注がれたら、食事が終わる頃には生ぬるい水がテーブルの上にあることになるので、飲み物ひとつをとっても、こまやかな気配りが求められる。

「個客」がメニューを見ている間は、注文をせかさないこと。ただし、メニューをテーブルに置いたり、あたりを見渡したりしたら、即座に伺わなければならない。複数人の客席の注文の受け方は、そのテーブルの様子をよく観察し、誰から注文を聞き始めるべきか、推察しなければならない。「個客」の中に常連客がいる場合、接待の場合、家族連れの場合、カップルの場合など「個客」の組み合わせごとに、事前にルールを決めておくことも必要である。

(8) サービングの方法

サービングの方法は、提供する料理や店の格式、テーブルの配置などによって大きく異なるが、原則は、注文を受けた順に行う。コース料理の場合は、スタッフは絶えず「個客」の食事の進み方に注意し、次の料理をサービングするタイミングを図ることが大切である。前の料理が終わらないうちに、次の料理をサービングするのは店の勝手で、絶対やってはいけないことである。料理は「個客」の正面に向けて静かに置かなければならないが、案外、正面を気にせず料理をサービングする店があるのは驚くばかりである。また、次の料理をサービングするには、前のお皿を下げてから3分程度が最高のタイミングで、「個客」の食事の速さに合わせて、スタッフがキッチンに連絡することと、キッチンもこれに対応していくことが不可欠である。

スタッフがサービングで注意しなければならないことは、安全で衛生的にキッチンからテーブルに運ぶことである。そのためには、指が料理に触れないこと、不安定で危険な持ち方や見た目の悪い持ち方を避けること、せっかく美しく盛り付けられた料理が崩れないように気をつけること。さらに、人の後ろを通るときは、声をかけて接触しないように気をつけることが大事である。

(9) 料理の説明の仕方

メニューに詳しい料理の説明が記載され、注文のときに説明を受けたとしても、「個客」はサービングされたときには、料理の名前すら覚えていないのが普通であろう。スタッフが料理をサービングする際に、あらためて○○産の原料で、どんな調理をしているのか詳しく説明してくれるのはありがたいが、専門家でない限りすぐに忘れてしまう。コース料理の場合、エクセレント・サービスを目指すのであれば、メニューと説明が記載されているカードや品書きなどをテーブルに置いておくと効果的である。サービングまでの間に、「個客」同士、メニューについての会話が弾み、どんな料理が出てくるかわくわくさせられるであろう。

「個客」が感動していれば、そのカードを持って帰った後も、そのときのことを話題にし、口コミによるアピールが期待できる。

(10) 食事中のサービス

グループ客は、「個客」同士の会話に夢中になっていることが多いので、水やお茶のサービングには気をつけることが大事である。皿を下げる際にはタイミングを見計らい、全員が終わるまで待つのではなく、1人でも終わったら下げることが原則である。ひとりで来店した「個客」が、黙々と食べていたら「お味はいかがでしょうか」、「何か不足はございませんでしょうか」など、雰囲気に応じて声をかけることも必要であろう。店のスタイルによって異なるが、会話を求めているお客様には、適度な声がけが何よりの接客サービスにつながることも多い。

(11) 皿の下げ方

皿の下げ方で大事なことは、「個客」が食事を終えたら、できるだけ速やかに下げることである。ただしあまり早すぎて、せかしているように思われるのも避けなければならない。通常は、「個客」が皿においたシルバー類の合図で判断するが、適度な時間は、ナイフとフォークを置いてから30秒がグッドタイミングである。3分以上経つと「個客」は遅いと感じ、スタッフの姿を探すようになる。また残った料理をひとつの皿に移し変えて下げる際には、「個客」のテーブルの上で行うのは、絶対に避けなければならない。下げ方1つで、その店の品位が問われている。

(12) デザートのすすめ方

デザートをすすめるには、まず、現在のトレンドのメニューを開発しておくことである。そして「いまお客様に大評判です」、「健康によい材料を使っています」、「カロリー控えめのデザートです」といったように、アピールしたいポイントを伝えてすすめることが必要である。満足した様子がうかがわれたら、食後に感想を聞くとさらに「感謝」が生まれる。

(13) 会計の方法

最近は、わが国でもテーブル会計の店が増えてきたが、食事の済んだテーブルの会計のタイミングは、十分に留意しなければならない。また、レジ会計でも、テーブル会計でも、「個客」に「お食事はいかがでしたでしょうか」と声をかけることによって、「個客」とスタッフのコミュニケーションが生まれるし、食事を楽しんだ「個客」は、いっそう楽しさが増す。たとえ十分な満足感が得られていなかったとしても、「気を使ってくれた」と感じることによって、悪い返事にはならないであろう。もし、不満のときも、意見や不満足な点を真摯に受け止める態度を示せば、リピーターになってもらえる可能性が高くなる。不満を抱え、黙って帰った「個客」は、二度と来店しないだろう。

(14) お見送り

「個客」の「お見送り」は、「個客」が席を立ったときや店を出るときに「ありがとうございました。またのご来店をお待ちしています」というのが一般的であるが、これでは「満足」レベルであろう。「感謝」を提供するには、「個客」が店を出るまで、つき添ってお見送りすることである。さらに、「個客」の車や姿が見えなくなるまでお見送りをすれば最高である。このお見送りは、「個客」が背中で必ず感じられる。

第5章　最優先はスタッフの育成

「企業は人なり」という言葉が示すように、企業の財産は人材である。エクセレント・サービスを実現している企業では、明確な組織戦略が確立されており、スタッフの採用から教育訓練にいたるまで、人を育てるシステムが整備されている。さらに長期的・戦略的な視点を持って、継続的に多くの時間がこれにあてられ、スタッフ1人ひとりのさらなる能力の向上に磨き人財にしている。

1　人的資源としての位置づけ

企業の経営資源は、「ヒト」「モノ」「カネ」、さらに近年は「知識」「情報」「ブランド」といわれるが、人的なサービスを提供する企業においては、「ヒト」の重要性は語るまでもないであろう。組織を構成するスタッフの資質が、企業の行く末までも左右する。

(1) 人的資源経営

サービス・クォリティの高い企業では、企業発展の重要な要素として人的資源経営という思想を組織全体に徹底させている。つまり、企業の経営資源である「人、物、金、知識、情報、ブランド」を有機的に活用していくのは、すべて「人」であり、企業が発展していくためには、まず「人」ありきという考え方で、人的資源を最重要視しているといっても過言ではない。

さらに、人がもつ能力を十二分に発揮させるためには、組織の構成員である「人」が「人」として、生き生きとした活動ができるような環境をつくり出す努力が必要である。つまり企業経営は、「人」を中心として行うべきものであり、人的資源経営は「人」という個人を重視することにほかならない。

(2) スタッフに対する考え方

おもてなし社会を実現するためには、スタッフの社会における位置づけが重要となる。つまりおもてなしを提供する人々の個人の人格が重視され、自律性をもって自由裁量権を発揮でき、「個客」に対して迅速な接客サービスができる環境づくりを行うことが求められる。これによりスタッフは、いつでも楽しく仕事ができるようになる。

① スタッフ第一主義

前述したようにサービス・クォリティの高い企業は、スタッフ第一主義という姿勢が明確である。それは事業そのものを単なるサービス業ではなく、「ピープル・ビジネス」と位置づけているからである。つまり、「個客」は、ホテルの施設や雰囲気、レストランの食事以上に、接客サービスに心がこもっていることを期待している。スタッフの人間としての心のぬくもりによって、エクセレント・サービスの連続が生まれ、「感謝」されることを望んでいる。

② 積極的な態度

スタッフに「アグレッシブなおもてなし」という気持ちを持たせることが重要である。つまりスタッフ自身が、働くことの自信にあふれ、自分や仕事を楽しむことができれば、スタッフの仕事に対する態度が、すべて積極的にあらわれる。

③ 企業文化

スタッフ第一主義というのは、単に言葉だけではなく、実際に行動ができるように、働く環境の整備、質が高く継続的な教育訓練システムや褒賞制度の導入など、スタッフを「人」として志向することを企業文化として根づかせることが重要である。

④ カウンセリング・システム

現代は、スタッフの公私にわたる悩みに配慮した、カウンセラーによるケアが求められている。カウンセリング・システムを整備することにより、疑問を解決したり、悩みを聞き助言したり、相談にあたることがスタッフの精神面でのケアには欠かせない。

⑤　レター・システム

企業のトップに、スタッフから直接手紙を出せるシステムを確立している企業がある。トップは、この手紙に対し、問題の大小にかかわらず、必ず調査をして返事を書く。これによって、スタッフは直属の上司には伝えにくい問題を解決し、サービスのアップスケールが図られる。

⑥　誕生祝い

社内で催す「お誕生日会」も多くの企業で行われている。月一度、当該月の誕生日のスタッフを招待したり、他のスタッフによってパーティが企画されたりするケースもある。またパーティを催さない企業でも、誕生日にはトップ直筆のメッセージが書かれたカードが贈られている。

2　適正な人材の採用

優秀な人材を採用することは、企業にとって重要な経営課題のひとつである。このためサービス・クオリティの高い企業ほど、「おもてなしの心」の資質を持つ人材の採用に力を注いでいる。適性のない人材を採用した場合は、教育訓練に時間がかかる上、限界が否めない。

(1) スタッフの採用の考え方

エクセレント・サービスを志向する以上は、それに資する人材を採用して、徹底した教育訓練とマニュアルを超えた自由裁量を発揮できる人を育成しなければならない。つまり、「個客」に「感謝」を提供できる人というのは、一定の資質が不可欠である。その上で厳格な教育訓練を行い、「お陰様」の心でもてなし、わがままな「個客」の心の底にある要望を察知し、期待を上回る接客サービスを提供し、さらに「個客」が気がつかない「ミスティーク」を提供できるように育成することである。

そのためには、人事担当者は採用時点でその資質を見抜く観察眼を持たなければならない。わが国の採用試験では、学校の成績が優先されてきたが、学歴や学力が「おもてなしの心」に直ちに通じているとは言いがたい。おもてなし社会の実現に必要な人とは、何ごとにも積極的に自己主張ができ、その上で細心の注意を怠らず、繊細な神経の持ち主である。そして、明るく、プラス志向で、失敗した時には直ちに善後策を講じることができる人である。暗い人や反省のない人は避けることである。最近は就職活動用の面接マニュアルも出回っているため、当人とはかけ離れた態度や受け答えに惑わされ、採用後に困ることがある。いかに適性を見抜くかは、採用側がしっかりした基準を持つことが重要である。

（2）適正人材採用の条件

サービス・クォリティの高い企業では、適正人材採用の条件として、次のようなことを挙げている。新規開業の採用時には、採用予定人員の10倍以上の人数の面接が行われることもある。

① 面接時のポイント

1. 企業ミッションを遵守していける人かどうか
2. 企業の志向するおもてなし文化に合った性格か
3. 強い「倫理観」を持っているか
4. 相手の立場に立って、物事を考えられるか
5. 自立心が高いか。「心くばり」はできそうか
6. 臨機応変に「おもてなし」の接客サービスができるかどうか
7. 向上心があり、さまざまな教育訓練に積極的に取り組むことができるか
8. 他人と上手く協調できそうか
9. 笑顔が素敵か
10. 情緒性や感受性はどのくらいあるか

② リッツ・カールトンの評価システム

リッツ・カールトンでは、「気配りの度合い」、「感受性の高さ」、「正確性」、「向上心」、

「説得力」、「積極性」、「人とのリレーション・シップ」、「自尊心」、「ホスピタリティ・マインド」、「チームワーク」、「職業倫理」の評価項目によって最終評価を行っていると聞いたことがある。最終面接は、総支配人および本社の重役が立ち会うことになっている。

(3) おもてなしの心の見分け方

「おもてなしの心」は、人がもともと持ち合わせている資質が大きく作用するので、採用に際してはその能力の有無を見極める必要がある。次のような点に留意すれば、見極めるための一助となろう。

1. 応募の動機は何か
2. 前職がある場合は辞めた理由は何か
3. 趣味や嗜好について

- 音楽、絵画、映画などへの関心はあるか、またどの程度か
- よく行く店(百貨店、専門店、レストランなど)はどこか
- よく見るテレビ番組は何か
- 国内外の旅行の経験と宿泊した旅館やホテルはどこか
- どんなスポーツを行っている(行ってきた)か
- 友人は多いか

・好きな食べ物は何か

4. 倫理観の有無について

5. 仕事の経験（企業、職種、経験年数など）はどうか

6. 人を喜ばせることが好きか

7. コミュニケーション力はあるか

8. 敬語が使えるか、言葉使いは丁寧か

9. 態度、身だしなみはきちんとしているか

10. 笑顔の程度はどのくらいか

3　教育訓練の基本

適正な人材を採用しても、その能力を生かさなければ、エクセレント・サービスを提供できるスタッフにはなり得ない。ゆえにサービス・クォリティの高い企業では、教育訓練に力を入れている。大事なことは、教育訓練は継続的に行うことであり、常に初心にかえることを最大のポイントとしている。

（1）教育訓練とは

① 教育と訓練

教育訓練は、一般的に一緒にとらえられているが、実は「教育（Education）」と「訓練（Training）」は別ものである。教育というのは、一般常識、一般教養、専門知識の習得を通じて、主として精神面のアップスケールを図るものである。企業であれば、会社概要、企業ミッション、企業戦略、経営計画、接客サービスのコンセプトを教えるものである。「訓練」というのは、実際の仕事を進める方法について身をもって教えるもので、実技が伴う。接客を要する企業の場合は、店舗オペレーションの手順・方法、接客サービスの方法・実技、店舗管理の方法などである。

② 教育と訓練のバランス

人材育成のための教育訓練において、教育と訓練は、バランスがとれていなければならない。例えば接客サービスで、このバランスが崩れると、粗雑なサービスが起こりかねない。つまり、「精神面＝技術面」であることが必要とされている。バランスといっても、人が行う教育訓練のため、「バランス」が維持できないことが出てくる。このときは、「教育≧訓練」を維持することであり、「教育≦訓練」にならないように配慮することである。

(2) 教育訓練の体系

サービス・クォリティの高い企業では、教育訓練の体系が確立されている。つまり、新入社員、中堅幹部、部門マネジャー、ゼネラル・マネジャーといったように、職階ごとに教育訓練のカリキュラムがある。

① 新入社員の教育

新入社員教育の位置づけは、スタッフを企業の最大の人的資源とし、教育訓練によって可能性を最大限に引き出すことが、エクセレント・サービスを提供するために必須条件ととらえている。多くの企業では、新入社員が入社してくると2~3日間、オリエンテーションを行い、その後、配属するが、最初の1年間に、トータルで200~300時間の教育を行っている。2年目以降でも年間100~150時間程度は行っている。

1. 入社時の教育訓練

入社時で大事なことは、自社の接客サービスの基本理念を新入社員に徹底して叩き込むことから始まる。たとえば、リッツ・カールトンでいえば、「クレド」、「サービスの3ステップ」、「モットー」、「サービス・バリューズ」、「スタッフへの約束」である。この理解なくしては、どんなに洗練されたサービス技法を教えても効果はあがらないとしている。これは教育訓練の教育にあたる。リッツ・カールトンでは、こういった教育により、新たにオープンするホテルでも、わずかな期間で最高のサービス・パーソンを多数育てている。

また、ディズニーランドでは、ディズニー・ユニバーシティでディズニー・トラディションズと呼ばれる教育を行っている。その教育内容は、ディズニーの歴史と伝統、経営理念、組織、ビジネスの方法などである。

2. おもてなしの心

サービス・クォリティの高い企業の共通点は、接客サービスにおける、「おもてなしの心」が確立されていることである。例えば、リッツ・カールトンでは、「我が家のような快適さを実現」というおもてなしの基本精神があり、これを徹底するために教育時間を割いている。また、ディズニーランドでは、さまざまな期待をもって来園しているゲストに対し、その期待を上回るクォリティ・サービスを提供するという「おもてなしの心」を徹底させているので、ある調査によればゲストのリピート率は75%の高水準を維持している。

② 初年度の教育訓練

サービス・クォリティの高い企業では、入社時教育のほかに、入社初年度に次のようなテーマにそった教育訓練を行っている。

1. 「個客」の要望の実現

「個客」が何を要望されているかを察知して、「個客」から頼まれる前に声をかけることによって、「感謝」を提供する方法。その前提として、「あたたかい心からのご挨拶を」

「個客をお名前でお呼びする」、「感じの良い心をこめたお見送り」を心掛けることを徹底的に教えられる。

2.「NO」といわないこと

「個客」から何かを頼まれた時に、決して「NO」といわないで、頼まれたことを実現する方法。この場合は、「個客」が何を頼むのか、入社当初はわからないので、実際にあった事例をスタッフに紹介するとともに、自分だったらどう応対するかをテーマにディスカッションしている。

3.クレームに応対する方法

どんなに素晴らしい接客サービスを提供しようとも、「個客」の希望にかなわない場合はクレームが発生し、ひいてはトラブルに発展しかねない。クレームやトラブルは、マニュアルを完備していても起きてしまうし、起きた原因はマニュアル外のことがほとんどであろう。起きてしまったトラブルを解決するには、臨機応変な対応がポイントになるので、その対処方法については、事例研究と実地訓練によって教育訓練を行う。

4.チームワークについて

サービス・クォリティの高い企業ほど、チームワークを重要視している。ホテルでもレストランでも、そこに働くスタッフのチームワークで、エクセレント・サービスが提供できるとしている。例えば、レストランに来店した「個客」のお迎えから、お見送りまで、スタッフのチームワークがとれて、はじめて「個客」に「感謝」を提供できることを実地訓練する。チームワークが不可欠なのは、1人の力では限界があり、チームで行うことによって、より質の高いサービスが可能になるということを教える。

5．行動基準

ディズニーランドでは、次のような行動基準をスタッフに徹底させている。これはサービス・クォリティの高い企業の運営基本原則にあたるもので、ディズニーランドでは総称「SCSE」としている。

◎Safety（安全）

ゲストに「安全に楽しんでいただきたい」という考え方がある。安心して遊ぶためには「安全性」が確約されていることが重要であるという考え方である。

◎Courtesy（礼儀）

入園者を「すべてのゲストはVIP」と位置づけている関係から、「ゲスト1人ひとりに、礼儀正しく接しなければならない」という考え方である。

◎Show（ショー）

「ショーによってゲストに楽しんでいただく」という考え方である。新しいショーを次々と企画するだけでなく、例えば、清掃作業もショーとするなど、すべてのキャストがショーを行っている。

◎ Efficiency（効率）

経営の効率化は、当然のことであるが、ゲストにも効率的にという考え方であり、例えば、ショーやアトラクションの待ち時間の軽減に努めている。

③　2年目以降の教育訓練

サービス・クォリティの高い企業では、入社2年目以降も引き続き、相当な時間をかけて教育訓練を行っている。この目的は、主に接客サービスのアップスケールのために行われる。どんなに素晴らしい接客サービスの能力を具備していても、「個客」の「ニーズ」、「ウォンツ」や「シーズ」は年々、アップスケールするので、現状のままでは対応できかねる。と同時に、初心を忘れないためのものでもある。

多くの企業では、次のような教育訓練を行っている。

1．企業ミッション、企業戦略、サービスの基本理念などの再確認
2．接客サービス能力のアップスケール
3．部下への指導方法
4．リーダーシップを身につける方法
5．マネジャーになるための経営能力

④　スタッフ・ミーティング

朝礼にあたるスタッフ・ミーティングを単なる連絡事項の場としてではなく、教育訓練の

場として位置づけている。時間としては、10〜15分程度であるが、サービスの基本理念や接客サービスのルールなどのなかから1項目だけを計画的に取り上げ、意味や行動などについて徹底を図るための確認を行っている。サービスの基本理念は、教育訓練を行って、すべてのスタッフがいったん身につけたとしても、マンネリ化が起きないとは限らない。これを防ぐために毎日のミーティングのなかでサービスの基本理念を再確認することによって、初心にかえらせているのである。

⑤　マネジャー会議

サービス・クォリティの高い企業では、毎週のようにマネジャー会議を開催している。ホテルの場合だったら、総支配人が議長となって、各セクションのマネジャーが参加する。議題は、「個客」の感度、「個客」のクレーム、スタッフの接客度、キッチンのオペレーション度、損益状況などがすべて数値で評価され、基準に達していない場合は、理由を説明しなければならない。

⑥　リーダーシップ

サービス・クォリティの高い企業では、部下に対する指導を積極的に行わせているが、そのために重要なことは、指導的立場の人は優れたリーダーシップを具備し、部下の指導に関してはエキスパートでなければならないとしている。上司は、現場で自分たちのやり方をまず見せ、手取り足取りで教え、あとはフォローアップと修正を再々繰り返し、率先して部下とのコミュニケーションを図り、コーチングやカウンセリングを行うことが必要としている。

4　教育訓練の技法

エクセレント・サービスを提供する企業になるには、教育訓練によってスタッフを育成することが重要である。サービス・クォリティの高い企業では、体系的な教育訓練が確立されているが、その代表的な技法について、以下に紹介する。

(1) 講義法

① 講義法とは

教育の場で行われる講義法は、対象者を集めて講義形式で行われるもので、入社時の教育、入社後の教育やマネジャー育成教育などが、教育センターや会議室で開催される。

② 効果的な講義法

講義法では、テキストや視聴覚教材などの事前準備を万全に行うことが必要となる。また講義を効果的に行うには、次の点に留意すること。

1. 内容はできるだけ具体例を入れて説明する。
2. 講義には、失敗談を多く盛り込む。

3. 講義は、要領よく簡潔に行い、質問の時間を多くとる。
4. 講義は、ときどき質問を投げかけて、理解度を確認する。
5. 質問が終わったら、問題を提起して、受講者に考えさせる。

(2) ロール・プレイング

ロール・プレイングというのは、実際に起こる場面を想定し、受講者が与えられた役割を演じ、その事象が現実に起こったときに適切に対処できるように訓練する学習方法である。受講者はこれにより、原理原則、方法、技術などをあらかじめ学び、実際の対処に生かす。

① ロール・プレイングの効果

ロール・プレイングの効果は、接客サービスを想定した場合、たとえば、1人が客、他の1人がサービス・スタッフになって、接客サービスの基本や応用応対などを実務的に行う模擬訓練なので、実際の接客サービスの仕事の方法を身につけることが可能となる。

② ロール・プレイングの成功方法

1. ロール・プレイングの開始前に、受講者に接客サービスの基本や応用応対の原理原則を徹底的に教育しておくこと。
2. 現実の場面に即した動作や会話ともなわせ、頭のなかで理解していることを具体的な行動として理解させること。

3. ロール・プレイングは、気楽な雰囲気づくりのなかで行わせること。
4. 演技者の感想を発表させること。また演技者以外の受講者は、観察者になってもらい意見を述べさせる。ただし、個人攻撃を絶対しないこと。
5. インストラクターは、演技者を援助し、最後にインストラクターの評価を発表し、自信をつけさせせること。

(3) ケース・メソッド

ケース・メソッドとは、実際に起こったさまざまな事例を受講者に提供し、受講者は事例の問題点を分析し、さらにディスカッションさせる教育方法である。受講者は、そのプロセスのなかで必要な知識を習得し、情報を評価することによって問題解決の力をつけさせるものである。

① ケース・メソッドの効果

ケース・メソッドでは、現実に起きている企業戦略やオペレーションなどの問題をテーマに研究することができるので、分析力、判断力、問題解決能力、職務遂行能力などを体験的に習得できる。ケース・メソッドを実施すると、受講者はテーマとした各ケースについて、批判的な考察を行わなければ問題解決策が作成できない。このため考察を繰り返すことにより、論理的な思考力、意思決定力などが具備され、仕事に対する自信や心構えが身につく。

②　ケース・メソッドの成功方法

1. ケース・メソッドにあたっては、専門的知識やビジネス全般の総合的知識が必要。
2. ケース・メソッドで取り上げるテーマは、実際に起こった事柄で行わなければならず、架空であってはならない。
3. 取り上げる事例は、何か対策を立てられるかどうか意思決定を行わなければならない問題が存在していなければならない。
4. ビジネスにおける原理原則や成功体験にしばられることなく、自由な発想で問題解決にあたらなければならない。
5. インストラクターは、ケース・メソッドを行うオルガナイザーであるとともに、ディスカッションのグループに対しては、よきアシスタントでなければならない。

5　人事や成果について

スタッフ最優先の思想のなかで忘れてならないのは、成果についての考え方であろう。アメリカと日本では、給料、賞与、勤務評定、利益分配金、退職金などの考え方に相違がみられるが、リッツ・カールトンとディズニーランドの褒賞について紹介する。

（1）リッツ・カールトン

リッツ・カールトンでは、優秀なスタッフを評価するシステムとして、「ファイブスター」という制度がある。スタッフの胸には星のバッジがつけられ、最高の評価が5つ星であるので、その名前がつけられている。「ファイブスター」は、3カ月に一度、各部門からの推薦によって選ばれたスタッフのなかから、さらに5名が選出され、表彰される。選ばれた人は、誰から見ても優秀なスタッフとして、誇りをもって余計仕事に励むようになる。さらに年間の最優秀賞が贈られ、最大の名誉を得ることができる。

（2）ディズニーランド

ディズニーランドの褒章には、次のような制度が設けられている。

①　ゲストサービス賞賛カード

マネジャーやリーダーは、ゲストサービス賞賛カードを持ち歩いていて、キャストが素晴らしいサービスをしたら、そのカードに書き込んで本人に手渡す制度がある。カードをもらったキャストは、応募箱にそのカードを入れる。月一度表彰を受けたキャストは盛大なパーティに招かれ、祝福され、同時に抽選会が行われ、景品が贈られる。応募カードは、抽選会の応募券になっている。

② 表彰状

キャストが業績目標を超える素晴らしい成果をあげると、表彰状が手渡され、氏名が掲示板に張り出される。

③ スピリット・オブ・ディズニー賞

最優秀のキャストに授与される賞で、候補者は、他のキャストから推薦されて、幹部が審議して受賞者を決めるものである。受賞者の選出は、全体の1％以下で、一生に1回とされている。

④ ディズニー大使

キャストの最も権威のある表彰で、ディズニーランドの公式行事に出席して、賓客のエスコートや重要な行事に参列して、ファミリーエンターテイメントのイメージの向上に努めるものである。ディズニー大使は、毎年各パークから1人ずつ選出されている。

第6章　おわりなきおもてなしの心を目指して

ここまで述べてきたように、「個客」の「感謝」を生む接客サービスを提供するためには、常に接客サービスのアップスケールの連続を目指さなければならない。また、「個客」の「感謝」を生むのは、接客サービスにあたるスタッフ1人ひとりが、「個客発の立場」に立って物事を見たり、考えたり、行動することが前提となる。「個客発に立てる」ということは、他人を思いやり、他人に優しい気持ちを持つことに他ならない。これこそが「おもてなしの心」の本質である。つまり、仕事はもちろん、日常生活においても、「おもてなしの心」を宿すことこそが、真のエクセレント・サービスにつながるとともに、おもてなし社会の実現を目指す第一歩となろう。

1　サービス・クォリティ向上のために

サービス・クォリティの高い店の共通項は、「成功に終わりはない、成功を維持発展させるためには、努力し続けることである」と考えている。そして、これを実現するために、お客様に「感謝」してもらい、さらに常連客になってもらうことを常に探求するサービス・クォリティ精神を持ち続けている。

（1）スタッフに求められる心がけ

エクセレント・サービスが提供できる「おもてなしの心」を持てるようになっても、それでゴールしたのではない。「個客」は、利用した店でエクセレント・サービスを感じたとしても、次回の利用に際しては、もっと素晴らしい接客サービスを期待するものである。

この意味するところは、お客様は「感謝」されるエクセレント・サービスを経験したら、次回の利用時に、前回と同じサービス・クォリティでも、まだ同じ「感謝」をするかもしれない。しかし、数回、利用するうちに当たり前になってしまって、確かに他と比べればサービス・クォリティの高い店であっても、同じ店だったら、普通のサービス・クォリティと感じてしまうものである。したがって、「個客」をお名前でお呼びすることは最低の基本条件であり、スタッフが心がけるべきことは、前回の利用シーンを思い出し、前回と比較の上、どうすれば喜んでいただける接客サービスを提供できるかを常に考えなければならないのである。

（2）個客の意見や提案への対応

サービス向上のため、多くの店が結構、お客様アンケートによって意見を求めているが、アンケート結果を実際のサービスに反映しているだろうか。また、後日、「個客」が手紙やメールなどで、いろいろな提案をしてくれることに対し、店側は真摯に耳を傾けて、実現するように心がけているであろうか。こういった「個客」からの意見や提案を、多くの店が無視しているのではなかろうか。

しかし、サービス・クォリティの高い店では、手紙には手紙で、メールにはメールをきちんと返信し、アンケートの意見であっても、実際のサービスに反映しようと努力していることが「個客」の目には案外、映っているものである。こういった「個客」の意見を尊重するという、接客サービス側の姿勢が重要で、常に店のオペレーションに反映しようと努力していることを「個客」が認識すれば、「個客」の自尊心は満たされ、店のファンになってもらえるのである。

(3) サービス・クォリティの向上の方法

サービス・クォリティの向上を図ろうとする場合には、自社内の評価だけでなく、第三者の客観的な評価が不可欠である。これは、自己評価では、どうしても甘さが出る可能性があるからで、第三者による公平で客観的な評価が必要となる。

① 外部のリサーチ機関による調査

サービス・クォリティの高い企業では、第三者による「サービス・クォリティの評価」を必ず実施している。多くの場合、外部のリサーチ機関に委託して、定期的に、ランダムに「個客」をピックアップし、「個客」の「不満足度」、「満足度」、「感激度」、「感動度」などについての意見を収集し、改善点があれば、速やかに対策を講じている。

② 覆面調査

覆面調査員が「個客」の立場に立って調査をするシステムである。つまり、覆面調査員は調査する店舗に「個客」として訪問し、料理の品質、接客サービス、店舗の雰囲気などをチェックし、依頼された企業に報告する。企業は、この報告によって、当該の店のオペレーションのクォリティの向上を図っている。

③ サービス・クォリティ指数

接客サービスについての「サービス・クォリティ指数」を確立している企業では、数値化されたサービス・クォリティの内容を全スタッフに伝達している。スタッフは、数値向上に向けて自らを磨くことに専心する。

④ 同じミスへの対応

評価の高い企業とて、同じミスが発生することがある。この場合は、ミスを発生させた部門の長が指導担当の部門と協力して、その原因について分析し、細かい改善案を作成し、全スタッフに徹底させる。

⑤　失敗を恐れない

「失敗から教訓を学ぶ」として、さらにアップスケールするように指導している。一般的には失敗すると必要以上に用心深くなってしまい、積極的にイノベーションに取り組めなくなりがちである。これを予防するために、失敗を叱責せず、こと細かに報告させ、全スタッフに事例として周知し、改善策をディスカッションさせている。

⑥　新しいアイデアの歓迎

スタッフからの新しいアイデアを大歓迎している。たとえ、そのアイデアが実行され、不成功に終わったとしても、よいアイデアと同様に、公平に褒めるので、アイデアを生む姿勢を全スタッフが持てるようになる。さらに、上司が部下の意見に積極的に耳を傾けている。上司は部下に対しいつでも心を開いている姿勢を見せているので、部下は本音を語り、ますます働く環境がよくなっていく。

⑦　目標主義

サービス・クォリティの高い企業は、チームとして共通の目標をかかげ、チームで目標を達成するために一丸となって働いている。これにより、チームワークが良くなり、スタッフが連携してサービスの向上に取り組める。これには、上司の卓越したリーダーシップが不可欠で、優れたツー・ウエイ・コミュニケーションの賜物である。つまり、トップから現場のスタッフにいたるまで「全員マネジメント」を確立することによって実現できるのである。

（4）気働きの実践

サービス・クォリティのアップスケールを図るには、一番重要なことは、「気働き」で、その実践のためのノウハウやポイントについて解説する。

① 気働き

エクセレント・サービスを提供している店の共通点は、「気くばり」や「心くばり」より「気働き」を重視していることにある。「気くばり」や「心くばり」というのは、マニュアルでもできる範囲であるが、「気働き」、マニュアルを超え「愛情」にも似た「気」を持つこと必要としている。加賀屋の評価の高いのは、「気働き」にある。それには、「個客」に「喜んでいただこう」「幸せになっていただこう」という思いを常に持つことである。たとえば、これらの店では、1人ひとりの「個客」の要望を聞くのは当たり前であって、スタッフが「個客」の望んでいることを先に察知するという「気働き」が普通の行動として行われている。しかも、「個客」が、「エクセレント」や「最高」と感じてもらえるような「快適さ」が存在している。

「個客」は、このような「快適さ」を味わったときに「感動」ものの状態であるが、冷静になって、よくよく観察してみると、スタッフの「気働き」は、繊細さがうかがえる。つまり、スタッフが「個客」に接するときに、「個客」の要望を素早く察するにも、あるいは料理を提供するにも、常に細やかな「心くばり」があるので、「個客」から見て気を使ってくれていると感じる繊細さで「感動」が「感謝」に昇華していく。

② 「個客」のニーズ、ウォンツやシーズの本質

「個客」が店に対する接客サービスのレベルには、「ニーズ」「ウォンツ」や「シーズ」がある。「ニーズ」というのは、「個客」が明確に必要とされている接客サービスで、そのレベルはグッド・サービスであろう。「ウォンツ」というのは、「個客」がこうしてもらいたいという願望を持っているときに、それに合致した接客サービスが提供されたもので、そのレベルはベター・サービスであろう。しかし、「シーズ」の場合は「個客」の要望は心の中にもやもやしていて、言葉にならないが、接客サービスを店側が「気働き」によって「個客」の心を明らかにするもので、ベスト・サービスにあたるのである。

「個客」の「ニーズ」は「個客」が言葉として話してくれるので、比較的わかりやすいが、「ウォンツ」は「個客」は言いだしかねていることなので、「アグレッシイブ・コミュニケーション」によって引き出すことを心がけることである。

しかし、「シーズ」は、「個客」自身でも言葉にならず、心の奥底にもやもやしているので、なかなか知覚できない。人には「視覚、聴覚、臭覚、味覚、触覚」という「五感」が備わっているので、「個客」の「ニーズ」や「ウォンツ」は察知できるが、「シーズ」は、「第六感」という「勘」を働かさなければ知覚できないものであろう。しかも、その「勘」というものは、研ぎ澄まされた状態でなければ働かない。たとえば、同じ情報に接した場合、人によっ

ては何も感じずに見過ごしてしまうが、これをビジネスにどう生かせるかという視点で感じることに長けている人がいる。この長けている人が持っている能力が「勘」である。この「勘」というのは、絶えず情報をキャッチする能力を意識すると同時に、ビジネス・チャンスを思考することによって磨かれていくものである。この「シーズ」を実現してくれるのが「加賀屋」や「伊豆稲取銀水荘」である。

③「個客」のわがままの実現

「個客」は、来店の際、自分はこうしてもらいたい、自分の食べたい料理を注文したいと期待している。多くの店ではメニューにない料理をつくろうとしないが、常連客ともなるとメニューになくとも、自分の食べたい料理を欲していることが多い。

メニューというのは、確かにその店で「個客」に提供している料理のリストであるが、常連客になると、その時々の体調とか、食欲とかによってメニューにない料理を食べたくなる。あきらかに、これは「個客」の「わがまま」ではあるが、この要望に応えられないと、あの店は食べるものがないということになってしまいかねない。ここで大事なことは、「個客」の「わがまま」を受けとめることである。

材料がない料理については、可能な限り代替の料理をすすめなければならないが、材料があるものについては、「個客」の「わがまま」を聞くことである。こうなると、「個客」は「感動」し、「自分の店」として永遠のファンになってくれるだろう。大事なことは、「個客」

の「わがまま」を「わがまま」と考えないことである。これは「個客」の意見なり、要望として受け止める心が大事である。つまり、個客サービスの真骨頂である。「わがまま」のきく店には、裏メニューとか賄いメニューなるものが存在していて、これは「個客」の要望から生まれた料理である。なかには表メニューになり、人気料理になったものが結構ある。

④ 個客の話に耳を傾ける

エクセレント・サービス提供の最大のコツは、「個客」が何を望んでおられるかを知ることである。したがって、スタッフが心を開き、先入観を持たずに、「個客」の望んでいることを聞くことである。何かを頼みたいと思っていても、「個客」はなかなかいい出せないので、スタッフが積極的に聞いてみることである。

逆に「わがまま」な「個客」の場合は、いろいろなことを要望してくるが、それでも「個客」の話に耳を傾けるべきである。ただし、全部が全部「個客」の要望を受け入れることはできないので、できなくても「できません」というストレートな言い方ではなく、「当店では、こちらをおすすめしておりますが」などという受け答えをすると、それ以上、「個客」は要求を通そうとはせず、自分の「わがまま」を聞いてもらえたと感じ、納得する場合が多い。この場合、「上司に聞いてきます」というのは、一番ダメな返事で、怒ったりはしないかもしれないが、あまりいい気分を持たれないだろう。メニューにない料理を要望されたときも、「キッチンに聞いてきます」という態度ではなく、日頃からメニューの材料まで知識を持ち、普段からキッチンとコミュニケーションをよくしておき、キッチンまで聞きに行かなくても、すぐに応えることが「感動」を提供できるコツである。

つまり、会話の基本は聞き上手であり、適度な相づちやうなずきを入れることである。また、相手の話している内容の意味が理解できなかったら、話が途切れたときに、簡潔に聞いてみることである。そして、最後には「ありがとうございます」と付け加えると、相手は自分の話が通じたと気持ちがよくなる。

⑤　マニュアルの超え方

「感謝」を提供するには、マニュアルを超えた接客サービスを提供するのが大原則であるが、まずマニュアルは最低限のルールという認識の上に立たなければならない。つまり、最低限のルールというのは、普通の接客サービスであり、サービスがよいといわれるどこの店でも行われている「満足」程度のサービスであるという考え方を持たなければならない。したがって、「個客」に喜んでいただこうという気持ちを持つことによって、マニュアルを超えた「感謝」の段階に到達していかなければならない。これでよしとするのではなく、もっと幸せになっていただこうという気持ちが、「感謝」の提供につながっているのである。

ここで大事なことは、常にマニュアルをアップスケールさせていかなければ、元の木阿弥になってしまう危険があることを認識しておくことである。つまり、マニュアルの質の向上を図り続けることが、「感激」、「感動」、「感謝」を呼ぶようになってくる。さらに、「個客」

が「感謝」したサービス提供事例をスタッフから集めておくことである。そして、実例をスタッフ・ミーティングでケース・メソッドやロールプレイングによって、全員に徹底させることである。これにより、「全員マネジメント」が確立されていく。

2　おもてなしの心づくり

エクセレント・サービスの提供には、「おもてなしの心」が不可欠である。そしておもてなし社会を実現していくためには、心の持ち方、つまり「おもてなしの心づくり」が重要である。

(1) おもてなしの心づくりの必要性

たんなる接客サービスとは異なり、エクセレント・サービスを提供していくためには、日本の生活文化に根ざした「おもてなしの心」を持つことが不可欠である。このため、日本の生活文化の源泉である歴史性を認識し、精神性、倫理性を身につけることが必要である。

「おもてなしの心」は、1人ひとりのお客様を「個客」として考えることが基本となる。「個客」の要望する心を読み、その要望を実現することによって、「個客」が「感動」し、さらに「感謝」することによって、スタッフが「感動、感謝、幸福」を同時に味わう「喜びの共有」ができてはじめて、おもてなし社会の実現への道となる。

ただ、喜びの共有といっても、「個客」は、家庭へ招く友人ではない。「おもてなしの心」を持つことは、茶事でいう亭主が、客を賓客として迎えるように、「個客」の趣向に合わせて、自分の招待客のように接することである。一方、招かれた「個客」は、亭主のエクセレント・サービスに「感動を倍加」し、「感謝」するという、互いに心から「喜びの共有」ができることなのである。さらに、「おもてなしの心」の評価の高い店は、「個客」に対して、「礼儀正しい親切なおもてなし」という鉄則がある。ディズニーランドで実行されているように、その基本は、「個客」は、われわれのVIP（Very Important Person：要人）という接客サービスの理念にも当てはまっている。

①　お陰様

ホスピタリティ・マインドで大事なことは、日本の礼儀作法で重要視される「お陰様」という「感謝」の気持ちの表現である。「お陰様」というのは、お互いの「真心」の触れ合いがあって初めて生まれるものである。つまり、「お陰様」というのは、相手の気持ちを「想う」ということである。「おもてなしの心」は、「個客」とスタッフの間に誠心誠意の関係を生み、それによって相互信頼が確立されることによって、「感動、感謝、幸福」に満ちた「喜びの共有」につながっていくことである。これは海外にはない言葉で、日本に進出したラグジャリーホテルの経営者が京都の柊旅館、炭屋旅館、俵屋旅館から学んだものである。

②　臨機応変

「個客」の店への期待は、そのときの「個客」の気分、健康状態、動機などによって違うので、マニュアルだけでは対応しきれない。「おもてなしの心」を意識するということは、マニュアルを超えた接客サービスを提供しなければならないので、臨機応変な対応が必要となる。そのためには、臨機応変な対応によって成功した事例、失敗した事例を収集し、「基本∧応用」というマニュアルに書き換えれば、エクセレント・サービスの「感動」を連続することができ、「感謝」を提供できるようになる。

③　お引き受けできかねます

接客サービスで評価の高い店では、「NO」といわないという鉄則があるが、全部が全部、「個客」の要望をかなえられるとは限らない。無理矢理、強要、強引、難題などがある場合には、あいまいに答えると後にトラブルになる危険性をはらんでいるので、「申し訳ございません。それはお引き受けできかねます」と、大変恐縮した態度で対応することもときには必要である。

(2)　おもてなしの心の育て方

「おもてなしの心」づくりは、まず教育訓練によって思想や方法論を徹底的に浸透させ、さらにスタッフの相互研鑽と合わせて、自己啓発の道しるべをつけるよう指導することが大事である。

① すべての人への感謝

「おもてなしの心」づくりは、人に対する「感謝の気持ち」を持てるかどうかが大きな鍵を握っている。「人」とは「個客」はもちろんのこと、職場では上司、同僚、部下、さらに家族や友人など接する人すべてに対して持ち合わせることがポイントになる。さらに、「人のやさしさ」、「人の思いやり」などに対する「感謝の気持ち」も必要である。こうなると自己中心型から脱することが可能になる。

② 自然な笑顔

おっかない顔をしている人がいるが、これでは「おもてなしの心」は生まれない。「感謝」の気持ちは当然のことながら、それ以上に大事なのは自然とうかぶ笑顔のほうが相手の心に響く。つまり、「心」が健康で、赤ちゃんのような表情づくりのために、意識的に常に「やさしい心」を持つことである。

③ 人間的な触れ合い

おもてなしを提供するビジネスは、「ピープル・ビジネス」である。つまり、人間的な触れ合いが欠かせない。「いらっしゃいませ」、「ありがとうございました」だけでは、人間的な触れ合いにはならない。「ようこそおいでくださいました」、「今日はこちらの料理がおすすめでございます」、「どうぞ熱いうちにお召しあがりください」、「お味はいかがでしたか」

など、「個客」との間に血の通った会話が必要である。また、「個客」は会話をしたがっているので、そのときどきの状況に合わせた楽しい会話をしなければならない。

④　親切心

「おもてなしの心」で大事なことは、スタッフが「個客」に対して「親切心」を持つことである。これには、常日ごろから家庭生活はもちろんのこと、友人に対しても親切心を持つことである。また、職場でスタッフ同士が親切心をもつことによって、「個客」にも親切心が湧いてくるのである。これは何を意味するかというと、平常心が親切心であることによって、親切心が平常心になることである。

よく「May I help you?」という言葉が使われているが、まさにこの言葉が親切心の表われなのである。さらに、親切心で大事なことは、「世話好き」になることである。ただし、世話はやきすぎると嫌われるので、その辺の微妙な心くばりが必要である。

⑤　機　転

「個客」は、店に対していろいろなことをいう。しかし、店のマニュアルでは、全部が全部対応できるとは限らない。マニュアルにないからといって、「できません」というのは、まったくダメな接客サービスで、サービス以前になってしまう。つまり、マニュアルにないことが発生することを前提に、機転をきかせなければならない場面が相当出てくるので、このとき適切に対応できることが「おもてなしの心」そのものといえる。そのためには、あらゆることに関心を持ち、「個客」が要望することを、あらかじめ察知できるようにしておくことも必要である。

例えば、ご予約の「個客」は、目的をもって来店するのであるから、店もそれに対応したエクセレント・サービスを提供しなければならない。前もって、接客サービスレベルの高い人を担当とし、お迎えからお帰りまで、責任を持って1人で接客サービスにあたらせなければならない。ただし、サブも決めておく必要がある。席を用意する場合は、スタッフから目のつきやすい場所にしておくことが大事である。担当を決めておいても、キッチンに料理を取りに行っている間に、「個客」が担当を呼びたいような様子になったら、サブがすぐに「個客」のところに行き、担当者の代わりに聞くか、担当者の状況を判断して「すぐ参ります」というようにフォローが必要で、「お待たせしない姿勢」をとることがポイントになろう。ここでも、チームワークによる「全員マネジメント」が発揮されなくてはならない。

⑥　リズム感づくり

スタッフに重要なことは、リズム感づくりを心がけることである。リズム感というのは態度、歩き方、言葉使い、身だしなみ、表情、「個客」との接し方の行動が「ニコニコ」、「キビキビ」、「ハキハキ」していて、思いやりの心があって、丁寧で、見ていてあざやかな爽快感を与えることである。

⑦　ストアロイヤリティの確立

ストアロイヤリティというのは、「個客」がスタッフから受けた「感動」によって、店に対する「安心感」、「親近感」を持ち、「信頼感」を生むことである。「個客」がストアロイヤリティを持つということは、とりもなおさず「常連客」になってもらえるということである。この「ストアロイヤリティ」を確立し、維持していくには、「おもてなしの心」があふれかえっていることである。つまり、「個客」にとって店の利用が「感動」の連続であり、今日より明日のほうがアップスケールしているということである。

⑧　誇り

「おもてなしの心」を向上させるには、接客サービスに誇りを持たなければならない。誇りというのは、おごりたかぶることではない。「個客」に心から「おもてなし」を味わってもらうために、積極的に「個客」のご要望を聞き、その期待を裏切ることなく、期待以上の「感謝」を味わってもらうことに誇りを持つ心が大事なのである。

つまり、「おもてなしの心」提供の達人になることである。そのためには、自己の人間性を磨き、「個客」に喜んでもらえる「おもてなしの心」を育て続け、地道に積み重ねていくことである。この努力によって、「個客」の要望を読めるようになり、「個客」の期待感をはるかに超える接客サービスになっていくことは間違いないことである。

⑨　モチベーション

マニュアルを超える接客サービスといっても、そう簡単に超えられるものではない。そのためには、「おもてなしの心」づくりの動機づけが重要である。その前提として、自分がいろいろな店に行って、スタッフに声をかけてみることである。店に入って店側が気づかなければ、こちらから「こんにちは」とか「席に案内してください」などといった声がけに始まり、食べたい料理が決まっていても、「何かおすすめはあるの」などのように、積極的に声をかけることである。これが重なると、店側のサービス・クォリティはどんどん向上していき、自分がして欲しいことを、店側が積極的にしてくれるようになる。世の中は、自分はお客様であると肩肘張った人が多いが、こういった経験によって、肩肘張った「個客」の隠れたご要望がわかるようになる。

⑩　声かけのポイント

初めての「個客」でも、「また来たい」と思って帰るように接客サービスを行うことが肝心である。「個客」が来店してから帰るまでの間に、タイミングを計らって、声をかけることによって、自分が客としてもてなされていると感じてもらえる。声かけは、「お冷をお注ぎいたしましょうか」、「お味はいかがでしょうか」という簡単なことから、会計や見送りのときに「いかがでございましたか」と声かけをすることが最大のポイントになる。

また、「何かご不満やお気づきになったことは、ございませんでしょうか」といえば、

「個客」は何らか答えてくれるだろう。例えそれが、クレームに聞こえたとしても、「ご意見ありがとうございました。すぐ改めますので、今後ともよろしくお願いします」と挨拶することである。

⑪　ホスピタリティ・マインドの経験

「おもてなし」の最大のテキストは、「おもてなしの心」があふれている日本旅館の柊旅館、炭屋旅館、俵屋旅館、加賀屋や伊豆稲取銀水荘に行ってみることである。その場合、何をポイントにして体験をするかを決めておく必要がある。また、ホスピタリティの評判の高い海外のリッツ・カールトン、フォーシーズン、マリオット、ウォルドルフ・アストリア、エクセルシオール、グランド・ハイアット、プラザ・アテネなどに泊まり、レストランで食事をしてみることである。さらに、評判のよいレストランへ積極的に足を運ぶことである。ここから得られた「感謝」は、一生忘れられなくなり、この体験が、自然と自分自身の身について、最高のテキストになる。そして、体験したことを自分の立場なりに、「個客」に幸せを提供したいと肝に銘じることである。接客サービスのアップスケールは、体験が最高の教育訓練になる。海外に行く時間のない人は、国内でもよいから体験を積むことである。

そのためには、指導者自身が経験を積んでおくことも必要である。なぜなら、まず訪問させる店を指導者自身が熟知していないといけないからである。スタッフには、なぜその店がよいかは絶対にいわないで、白紙の状態で経験させなければならない。訪問前に、訪問先の特徴をいってしまうと、先入観を持ち期待度が高まってしまうので、効果が薄くなってしまう。あくまで白紙の状態で訪問させ、その体験をレポートさせることである。この際、良い点、悪い点の両方の報告が必要で、レポートにない面を指導すると効果が高くなる。

3　個人個人の持ち味を生かして

エクセレント・サービスを提供するには、スタッフ1人ひとりが、エクセレント・サービスの基本条件を身につけた上で、さらに個人個人の持ち味を磨くことによって、「感動を倍加」させ、さらにサービス・クォリティをアップスケールさせていくことが可能となる。

（1）明るさ

エクセレント・サービスの源泉は、何といってもサービス・スタッフ自身の明るさである。暗い人は接客サービスには不向きである。明るさというのは、「個客」が店に一歩入ったときに感じる明るさであり、その大部分は笑顔である。

（2）プラス思考

仕事には失敗がつきもので、失敗が重なるとどうしても落ち込みがちになる。特に、「個客」からクレームを受けたときとか、上司に叱責されたときは、落ち込む最大の原因になり、職場を暗くしかねない。しかし、個人の持ち味を生かすためには、反省しても絶対に落ち込まないことで、失敗を糧にするプラス思考を持つことである。「失敗は成功のもと」という格言を身につけることが必要で、個人の持ち味にすることである。

(3) 折り目正しく

エクセレント・サービスを提供している人をよく観察すると、例外なく折り目が正しい人である。折り目正しいというのは、態度、言葉使い、身だしなみが出来ていて、姿勢、歩く姿、話し言葉、服装が美しいという表現がぴったりの「折り目正しい」人である。これらのスタッフに共通することは、常に笑顔で「感謝の心」を持ち、「個客発の立場に立った」接客サービスを心掛けて、「個客」にどうしたら「感謝」してもらえるかと楽しんで仕事をしている。つまり、折り目正しいことが、自然と笑顔を生み、「個客」の立場に立てるという持ち味を身につけている。

4 人間力を高めるクレームへの対応

サービス・クォリティの高い企業とて、「クレーム・ゼロ」であるわけはない。クレームには積極的に応対していこうという姿勢でスタッフに対する教育訓練を徹底している。

(1) クレームとは

一般的に苦情については、「コンプレイン」とクレームといういい方があるが、その意味を考えてみよう。コンプレイン（Complain）は、不平、不満、苦情で、クレーム（Claim）は、主張、要求、請求という意味がある。苦情はコンプレインとしてとらえるのでなく、クレームと考えると、前向きの姿勢になっていく。

① クレームが起きたとき

苦情をクレームと考え、クレームをゼロにしようと努力をしても、けっしてなくなるものではない。大事なことは、クレームが起きないような努力も必要であるが、起きたときに納得するように応対することが重要である。

② クレームと不満

クレームは、多くの場合、「個客」の感情を害したことで、応対次第では解決できないこともある。不満というのは、「個客」の店への期待感より低いレベルの対応によって起こることが多いので、「個客の声」として応対することである。

③ 反面教師

クレームにしろ、不満にしろ、いずれにしても店の原因として考え、これを反面教師として、「個客の提案」として位置づけることが重要である。つまり、ミスを課題解決の最大の機会としてとらえることである。

（2）クレームの基本的な考え方

クレームが、ゼロにならない以上、かつて起きたクレームの実例を集大成して、「クレーム応対」を図るとともに、起きてしまったら、誠心誠意応対する姿勢が大切である。クレームで大切なことは、応対の仕方で、「個客」が店を好きになってくれるか、嫌いになってしまうかの瀬戸際であることを認識しておかなければならない。つまり、クレームを処理するという気持ちを持つと嫌われてしまうが、クレームは、「個客」との信頼関係を深く築くという気持ちを持つことである。

また、「個客」の声は、クレームや不満はもちろんのこと、お褒めや提案もあるので、すべて記録させ報告するシステムを確立しておくことである。これを集大成して、スタッフ・ミーティングで紹介すると同時に、その場で自分だったらどう応対するかの意見を聞くことが大事で、それを再度報告してもらって、マニュアル化することによって、エクセレント・サービスにつながっていく。

(3) クレームは人間力を高める

① 気づきの教訓

クレームは、サービス・スタッフが気づかなかったことを教えてくれるので、起きてしまったからといって、けっして叱責せずに積極的に報告してもらうことを奨励することである。サービス・クォリティをアップスケールするためには、経験が物をいう場合があるが、クレームはそのものである。つまり、マニュアルになく、サービス・スタッフが未知なものをクレームが教えてくれて、二度と起こさないと心に染みるので、人間力を高めることは間違いない。

② 個客のご要望の察知

クレームを「個客のご要望」としてとらえていくと、「個客」の意見を積極的に察知できるようになり、さらに口にしない要望とか、「個客」が考えてもいないものについて敏感に察知できるようになる。

③ 先輩の経験から学ぶ

クレームの応対は、マニュアルやスタッフ・ミーティングだけでは得られないことが多い。実際のクレームは、マニュアルにないことばかりで、突然起こることが多い。クレームの応対には、豊富な経験が最大の手本になる。中でも、一番役に立つのは先輩の経験談なので、謙虚に学ぶ必要がある。

④　声なきクレームへの応対

クレームで一番怖いのは、「声なきクレーム」である。「個客」が口にするクレームは応対できるが、黙って帰った「個客」が大勢いると店ではわからず、そのままでは、その「個客」は二度と来店しないばかりか、必要以上に友人にまで喧伝されてしまう。「個客」の様子を察知して、例えば会計をされるときに、「楽しくお過ごしいただけましたでしょうか」とか「何か不都合なことはございませんでしたか」とさりげなく聞くことである。

⑤　クレーム事例の体系化

クレームは、組織的に収集し体系化して、その応対方法をマニュアル化する。そして、スタッフ・ミーティングで、サービス・スタッフ全員に徹底すると同時に、ディスカッションすることが大事で、「クレーム・ゼロ運動」を展開するのも1つのアイデアであろう。

(4)クレームの応対方法

①　真剣に聞くこと

クレームの解決の糸口は、「自分の問題を真剣に聞いてくれる」という姿勢を、まず「個客」に知ってもらうことから出発することである。つまり、ここでも「個客」の立場に立つことである。「個客」の要望は、いろいろな表現で伝わってくるが、多くの場合、店側に非があるので、「個客」の期待を裏切ったからクレームになったと肝に銘じることである。クレームの応対をけっして嫌がらずに、真正面から進んで受けるのが最善で、徹底的に解決の道を探ることである。つまり、「個客の目線」に立つことが肝要なのである。

② 正確に聞きとること

クレームが起きたら、クレームの内容を正確に聞きとることが重要である。店側は「自分のこと」として、「個客」の発言を最後まで聞くことである。

③ 聴き上手になること

クレームが起きたときは、「聞く」より「聴く」という態度で臨むことである。「聞く」というのは、「音・声を耳に感じる」、「教えをうける」という「情報収集」という意味にとれるが、「聴く」というのは、「講和・講義をきく」、「願いを受け入れる」という「個客の問題に耳を傾ける」というレベルのニュアンスとなる。聴き上手になるためには、「心で個客のご意見をお聴きする」という態度で接し、この「心」が「個客」の怒りを防ぐこともあるだろう。

④ すばやく応対をすること

クレームが起きた場合、すばやく応対することが肝心である。クレームに慣れていないスタッフが、即座に応対できないというのではなく、できるまで徹底した教育訓練をしておくことである。けっして「私ではわかりかねますので、上司を呼んでまいります」という発言はさせないこと。

⑤　上司は察知すること

レストランのように、店全体の状態が見渡せる場合は、上司がクレームを察知し、必要だと感じたら、すぐに一緒に応対することである。クレームは、事例のないケースが多いので、応用できないと、余計怒らせてしまいかねないからである。

⑥　直立の姿勢をとること

「個客」がクレームを述べている間、スタッフは直立の姿勢で聴くこと。さらに大事なことは親身になってお聴きすることと、真剣でありながら柔和な表情が不可欠である。

⑦　あいづちをすること

「個客」がクレームの内容を説明されているときは、心地よいあいづちが必要である。基本的には「はい」であるが、適宜「さようでございましたか」、「なるほど」などを入れると、「個客」はきちんと聴いているなと感じるであろう。

⑧　いい訳はしないこと

クレームの説明を聞いている間には、絶対いい訳をしてはならない。中には理屈をいう人、無理をいう人、「いやがらせをいう人」など、いろいろな方がいるが、「個客」が何をいいたいかを早く察知すること。

⑨　冷静な応対をすること

クレームの応対で、「個客」が興奮し、声高になじられることがあるが、受ける側がつられてしまってはならない。スタッフが忘れてはならないことは、自分が冷静になることである。「個客」の発言が不適切な場合も、たとえ頭にきても興奮を抑えることがクレーム解決の早道である。

⑩　心から謝ること

クレームの多くは、店に非があることが多いし、さまざまな「個客」がいるので、「ご不快な思いをおかけして申し訳ございません」と謝罪しても納得しないかもしれない。それでも大事なことは、「心」から謝ることである。謝るときに、「すみません」、「失礼しました」、「申し訳ございません」、「おっしゃる通り」というのがあるが、クレームのときには、非常に軽々しく聞こえるので、態度に誠意がないと思われてしまう。

また、これらの言葉を発すると、「個客」が不適切な要求をしてきた場合には、店側の非を認めたことになり、金銭の要求にまで発展しかねない。軽い気持ちでいったことが大きくなることもスタッフに徹底させなくてはならない。謝罪の言葉としては、「配慮が足りませんでして」、「ご連絡が不十分でして」、「遅くなりまして」、「ご期待にそえませんで」、「ご心配をおかけしまして」などをケースによって使うことをおすすめする。

⑪　適切な応対をすること

クレームで一番大事なことは、「個客」が「何をいいたいのか」、「何をしてもらいたいか」、「どうすれば解決して差し上げられるか」を、一心に考えて、しかも早急に適切に応対することである。

⑫　最後に言うこと

クレームが解決した場合は、「ありがたいお話をお聞かせいただきありがとうございました」、「ご意見を真摯に受け止め、今後に生かしてまいります」、「今後も忌憚のないご意見をお聞かせください」という言葉を用意して、最後に挨拶することによって、好感をもってもらえる。

⑬　個客の顔を覚えておくこと

クレームの「個客」の顔は、絶対覚えておくことである。再度の来店時には、「先日はご迷惑をおかけして申し訳ございませんでした。ご来店ありがとうございます」と挨拶をすれば、自分を覚えてくれたと思い、ほとんどの「個客」は常連客になってくれる。

⑭　提案には挨拶をすること

クレームが、「個客」の「ご提案」だとわかったときでも、すぐに実現できないこともあるので、「ご提案ありがとうございました。早速社内で検討させていただきます」と説明すること。「個客」が再来店したときには、「先日の個客のご提案は、社内で検討させていただき、実行しております。ありがとうございました」と挨拶をすること。もし、不採用の場合は、「このような理由で、いったんは見送りになっております」などと伝えることが大事で、それでも「個客」は常連客になってくれる。

5　おもてなし社会の実現を目指して

企業では経営理念や行動方針を確立して、全スタッフに徹底させて、マニュアルを超えるサービスを提供するという課題が常につきまとう。接客サービスというのは、人が行う限り、1人ひとりのスタッフが「気働き」ができて人間的な魅力がなければならない。

「あの人に頼めば」、「あの人なら」という明るさ、会話力、礼儀正しさ、接客サービスの良さなど魅力的な「パーソナル・アイデンティティ」をつくりあげることが、真のエクセレント・サービスにつながっていく。このためには、「相手を思いやる心」と「感性」が不可欠である。「個客」の表情から、その人の必要としていることや心理状態を読み取ろうとする心が「個客」に通じて、初めて感性が生まれてくる。これはスタッフ同士でもまったく同じで、「相手を思いやる心」がチームワークを醸成し、「個客」から素晴らしい店と目に映ると好印象をもたれる。

「個客」に対して接客サービスを提供するということは、「個客」に常に見られているということである。この意識を持つと、絶えず自己意識が働き、日常の行動に反映され、「個客」に素敵な接客サービス・スタッフと見られるようになる。

それと同時に、仕事に問題意識を持つことである。自分の接客サービスについて、「個客」

に喜んでもらえたか問題意識を持つことによって、接客サービスのアップスケールが自ずと生まれる。こういった繰り返しが、日常から行われることによって、おもてなし社会実現への扉は開かれるのである。

（1）アップスケールの第一歩

エクセレント・サービスの基本条件だけでは、「感動」のレベルにはいきついても、「感謝」には至らない。その第一歩には、「礼儀作法」がある。

① 礼儀正しく

エクセレント・サービスの基本中の基本で、一番重要なことは、「礼儀正しく」である。エクセレント・サービスをアップスケールするには、日常の生活から、人から褒められる行動をすることである。そのためには、たとえ友人であっても「笑顔」で「礼儀正しく」接し、「正しい敬語」で話をすることである。友人だとついつい雑になってしまうが、これらが実行できている人の評判は高い。また家庭生活でも同じで、親と子、夫婦同士でも、「笑顔」で「礼儀正しく」や「正しい敬語」ができている家は良い家庭として人に映る。最近、接客サービスに携わる企業で、「江戸しぐさ」、「礼儀作法」、「敬語」、「茶道」、「華道」などが注目されているが、これは個人でも大いに研究して取り入れることが「おもてなしの心」のアップスケールになっていく。

② アグレッシブ・コミュニケーション

日本の「おもてなしの心」だけでは、「感謝」ができるとは限らない。アメリカ人は、「Thank you」「Excuse me」「May I help you?」という言葉をよく使うが、これはホスピタリティの原点になる「アグレッシブ・コミュニケーション」である。「個客」には何事につけ「感謝」を表わす「ありがとうございます」、店のスタッフ同士がぶつかったときには「失礼しました」とか「ごめんなさい」、「個客」が何かを求めているときには「ご用でございますか」というようにすぐに対応することである。

「個客」に何か頼まれたときには、気持ち良く「ハイ」の返事が肝心である。たとえ、「個客」が無理なことをいっていたとしても、一度は「ハイ」ということが必要で、アメリカ人が「My pleasure」という気持ちである。つまり、エクセレント・サービスのクォリティの高い店での大原則である「NOと言わない」という気持ちを常に持つことである。

(2) コミュニケーション能力を高める

コミュニケーションというのは、「個客」に何かを説明する場合に、「個客」が関心を持って聞いてくれ、何かわからないときには質問が出る状況の会話が成立することである。つまり、一方的な会話でなく、「個客」が何を求めているかで、会話の内容を変えていかないと、スタッフの説明がわずらわしくなってしまう。しかも、大事なことは明るくかつ明瞭に声をかけて、「個客」がのってくれるような会話がコミュニケーション能力を高めることになる。

さらに、「個客」が何をして欲しいかを知るさりげない質問こそが、コミュニケーションを高める元になる。つまり、コミュニケーション度の高い人は、質問力に長けていると言ってよいほどである。また、コミュニケーション度の高い人は、「個客」との最初の出会いを大切にする。これは、「個客」の第一印象によって、「個客」の好みをキャッチし、次回から「個客」の要望を察知するようにしていることで、「感謝」を提供できるようになる。

（3）チームワークづくり

「個客」に「感謝」を提供する場合に、案外忘れられているのが、チームワークづくりである。スタッフは、お客様にサービスを提供する場合、1つのテーブルを1人が担当するので、チームワークがおろそかになりがちであるが、実は店の中の全員が1つのチームとしての意識を持たなければならない。店にはいろいろなセクションがあるが、コミュニケーションがスムーズになれば、1つのチームとして「個客」に好印象を与える。セクションが違っても、コミュニケーションがスムーズになれば、お互いの立場を理解しあい、どうすれば「個客」の「わがまま」に応えられるかに対して、積極的な行動に移すことができる。このためには、「全員マネジメント」の思想の確立をすることである。

（4）専門性を高める

専門性というのは、自分の長所をより磨くことで、「これならあの人」という他の人が絶対真似のできない接客サービスを提供できることである。たとえば、「個客」に何かを聞かれた場合、すべてのスタッフが、すべてを知っているとは限らない。そのときに、「あの人に聞けば」というスタッフ個人のブランドづくりである。

例えば、レストランに来店した「個客」の質問は、その店や料理とは限らない。どこかに行く道、近隣の美術館で開催内容、その土地の名産品、他のレストランの場所・料理・特徴など、自店に関係のない質問をすることが結構ある。これに答えることができると、「個客」は「感謝」されるだろう。したがって、サービス・スタッフであっても、「コンシェルジュ」になる専門性が必要なのである。ただし、大事なことは、他のレストランの情報については、自分が経験しておかないと、期待はずれになる場合があるので、気を使うことが必要である。

（5）聞き上手のコツ

「個客」の話を真剣に聞くのは、エクセレント・サービスの基本条件であるが、これだけでは「聞き上手」とはいえない。聞き上手になるためには、「個客」の会話は、最後まで聞くことが最低条件である。しかし、何かを話したくても、なかなかできない「個客」に対し聞き上手になるコツは、上手に引き出すことである。これはなかなか難しいが、意識して「個客」に接していると、だんだんタイミングがわかってくる。これは、素直な気持ちと「May I help you?」の精神を絶えず持つことで生まれてくる。

（6）相手の喜びが自分の喜び

エクセレント・サービスの提供の極意は、「個客」が「感謝」されることである。これは「個客を大切にしよう」、「個客に感謝される仕事をしよう」、「個客が喜ぶ仕事をしよう」という「気働き」を絶えず持ち続けることによって、「個客」に「感謝」され「また来ます」といわれたら、それを自分の無上の喜びとすることである。また人から何かされたときは、喜び上手になることによって、人に対する「喜び」を提供できる心が生まれてくる。人というのは、自分でも誰でも「喜び」というもので「感動」を呼ぶし、さらに相手が「喜び」を提供してくれるようになると、「気」と「気」がつながっていくようになる。

（7）一流を知る

本書で紹介した店は、一流中の一流であるから、ぜひ経験することをおすすめするが、真の意味での「おもてなしの心」に触れるには、自分が一流になる必要があるので、まず、一流を知ることである。これには、一流の店だけではなく、絵画や音楽の鑑賞、お茶の会、お花の会など、何でもよいから本物に触れることによって、自分の「感性」を磨いていくことである。日本国内ばかりでなく、海外の美術館や音楽会に行くことも大事である。そして忘れてならないのは、自然界にも触れる機会をつくることによって、人間的な心を広げることができる。さらに、いろいろな分野で活躍している人と親しくなり、話を拝聴することも重要である。

(8) 健康であること

エクセレント・サービスの提供者は、健康であることが何よりの基本である。おもてなしは笑顔が最大のポイントであるが、そのためには健康でなければならないことはいうまでもない。そのために、スポーツをすることをすすめる。接客サービスというのは、相当なストレスが溜まるので、ストレス解消に友人との飲み会もいいが、散歩やジョギングでもいいから体を動かし汗をかくと、新陳代謝が良くなり気分が爽快になる。

(9) エンターテイナーとして自覚すること

「個客」に接するスタッフは、俳優や女優であると同時に、「個客」に「感動」を提供するエンターテイナーとして自覚することである。そのためには、いつも笑顔で、人をもてなすことが好きでたまらないといった心を持つことである。また、「気働き」ができるためには、精神的にはタフでなければならない。

エンターテイナーとして自覚するということは、まさに「一期一会」の気持ちを持つことである。接客サービスでいうならば、そのひとときを最大限に「個客」に楽しんでもらうために、スタッフが心のすべてを尽くすことであり、この気持ちを「個客」と共有できれば、「個客」が「感謝」し、エンターテイメントを提供できるようになる。

⑽ 役割と責任

スタッフが楽しく働くだけでは、けっしてスタッフの「感謝」は呼び起こせない。重要なことは、スタッフが役割と責任を担っているという意識が必要である。このためには、組織を明確にし、スタッフ各人の位置、役割と責任、そしてチームとしての一員のチームワークの重要性を認識させることである。さらに、日頃から、自らの役割と責任をアップスケールさせていく努力を重ねていくことが不可欠である。これがリピーターづくりの最大のコツでもある。

この役割と責任は仕事に限らない。学校や家庭においても、住んでいる地域あるいは日本人としてといったグローバルな視点も含めて、意識していくことが、これからの時代に求められているのではないだろうか。

参考文献

・井上理江、藤塚晴夫他「リッツ・カールトン物語」日経ＢＰ社、２０００年。
・岩崎信也「宿を支える女将たち」柴田書店、２００６年
・江上いずみ「ＪＡＬ接客の達人が教える幸せマナーとおもてなしの基本」海竜社、２０１５年。
・上澤昇「ディズニー・テーマパークの魅力」実践女子大学生活文化研究室、２００３年。
・小笠原清忠「小笠原流礼法で強くなる日本人の身体」青春出版、２００８年。
・奥谷禮子「日航スチュワーデス魅力の礼儀作法」亜紀書房、２０００年。
・小田真弓「加賀屋笑顔で気働き」日本経済新聞社、２０１５年。
・加藤悦子「続・金目鯛と銀の海」講談社、２００１年。
・加藤悦子「三たび金目鯛と銀の海」ホテル銀水荘、２００６年。
・岸田弘「ベストサービス」日本フランチャイズチェーン協会、１９７７年。
・岸田弘「最新アメリカ流通サービス業のすべて」日本経済通信社、１９９５年。
・岸田弘「新アメリカフードサービス業事例研究」アーバンプロデュース、１９９６年。
・岸田弘「ビジネス・プラン企画開発の進め方」食環境コーディネート協会、２０１６年。
・越川禮子「商人道江戸しぐさの知恵袋」講談社、２００１年。
・小早川護「接客は利休に学べ」ＷＡＶＥ出版、２０１３年。
・貞方邦介「成功するためのレッスン９章」ゴマブックス、２００６年。
・ジェームズ・Ｃ・コリンズ／ジェリー・Ｉ・ポラス／山岡洋一訳「ビジョナリー・カンパニー」日経ＢＰセンター、２００１年。

・塩島賢次「ホスピタリティの黄金律」ＰＨＰ研究所、２００６年。
・塩月弥栄子「上品な話し方」光文社、２００２年。
・ジョセフ・ミケーリ／月沢季歌子訳「ゴールド・スタンダード」ブックマン社、２００９年。
・白土健他「観光を学ぶ」八千代出版、２０１５年。
・白土健他「なぜ子どもたちは遊園地に行かなくなったのか」創成社、２００８年。
・高野登「リッツ・カールトンが大切にするサービスを超える瞬間」かんき出版、２００５年。
・高野登監修「サービスを超える瞬間　実例・実践編」かんき出版、２００７年。
・テレビ大阪「和風総本家　第壱巻」講談社、２００８年。
・野中郁次郎／遠藤功「日本企業にいま大切なこと」ＰＨＰ研究所、２０１１年。
・野中郁次郎／勝見明「全員経営」日本経済新聞社、２０１５年。
・広瀬喜久子「新さわやかマナー・ゼミ」幸書房、１９９８年。
・細井勝「加賀屋のこころ」ＰＨＰ研究所、２０１０年。
・細井勝「加賀屋の流儀」ＰＨＰ研究所、２００６年。
・前田佳子「伝統コンシェルジュが明かすプレミアムなおもてなし」ダイヤモンド社、２００７年。
・松村清「サービスの心理学」商業界、２００３年。
・マルコム・トンプソン「日本が教えてくれるホスピタリティの真髄」祥伝社、２００７年。
・茂木健一郎「加賀屋さんに教わったおもてなし脳」ＰＨＰ研究所、２０１４年。
・ヤン・カールソン／堤猶二訳「真実の瞬間」ダイヤモンド社、１９９０年。
・力石寛夫「ホスピタリティ」商業界、１９９７年。
・力石寛夫「続・ホスピタリティ」商業界、２００４年。
・リクルートワークス編集部「おもてなしの源流」英治出版、２００７年。
・リッチ・ハミルトン／箱田忠昭訳「ウォルト・ディズニーの成功のルール」あさ出版、２００５年。

《著者紹介》

白土　健（しらど・たけし）

1959年東京都生まれ。明治大学政治経済学部卒業，多摩大学大学院経営情報学研究科修了。株式会社プリンスホテル，財団法人日本ホテル教育センター企画開発室長，シダックス株式会社社長室，育英短期大学，松蔭女子大学教授を経て，現職（大正大学人間学部教授）。

近著は『エクセレント・サービス』『セピア色の遊園地』『なぜ，子どもたちは遊園地に行かなくなったのか？』『経営学　コンパクト基本演習』（以上，創成社），『実学・観光産業論』（プラザ出版），『観光を学ぶ』（八千代出版）等。また『週刊朝日』，『読売新聞』にてコラムを担当の他，『タケシのニッポンのミカタ』（テレビ東京），『トーク de 北海道』（北海道文化放送）等でコメンテーターとして出演，テレビ番組の考証担当も数多く務める。

岸田　弘（きしだ・ひろし）

現職：経営コンサルタント

企業の将来像の確立のために，企業ミッション，企業戦略，価値創造，個性化，グローバル戦略やおもてなし社会を目指してクライアントの要望に関して各種提案を行っている。

著書は多数あるが，最近の著書としては，『フードビジネスの基礎知識』『ビジネス・プラン企画開発の進め方』『ビジネス・コンサルティングの実務』『製菓衛生師教本：社会（共著）』『フランチャイズ・ビジネス概論（共著）』など。

【H　P】http//www.kishida-consul.jp

【E-mail】kisihiro@ozzio.jp

（検印省略）

2016年5月20日　初版発行　　　　略称－エクセレント＋

エクセレント・サービス＋

―おもてなし社会の実現を目指して―

著　者　白土　健・岸田　弘

発行者　塚田尚寛

発行所　東京都文京区春日2-13-1　**株式会社　創成社**

電　話　03（3868）3867　　FAX　03（5802）6802

出版部　03（3868）3857　　FAX　03（5802）6801

http://www.books-sosei.com　振　替　00150-9-191261

定価はカバーに表示してあります。

ISBN978-4-7944-2479-2 C0034

Printed in Japan

組版：緑　舎　印刷：S・Dプリント

製本：宮製本所

落丁・乱丁本はお取り替えいたします。